Die Erfindung der Langeweile

Nahrung, Paarung und Spielraum

Eine Betrachtung

von

Lutz Spilker

DIE ERFINDUNG DER LANGEWEILE – NAHRUNG, PAARUNG UND SPIELRAUM

Bibliografische Information der Deutschen Nationalbibliothek:
Die Deutsche Nationalbibliothek verzeichnet diese Publikation in der Deutschen Nationalbibliografie; detaillierte bibliografische Daten sind im Internet über http://dnb.dnb.de abrufbar.

Softcover ISBN: 978-3-384-42936-0
Ebook ISBN: 978-3-384-42937-7

© 2024 by Lutz Spilker
https://www.webbstar.de
Druck und Distribution im Auftrag des Autors:
tredition GmbH, An der Strusbek 10, 22926 Ahrensburg, Germany

Inhalt

Unser größter Feind ist die Langeweile.

Voltaire

Voltaire (eigentlich François-Marie Arouet, * 21. November 1694 in Paris; † 30. Mai 1778 ebenda) war ein französischer Philosoph und Schriftsteller. Er ist einer der meistgelesenen und einflussreichsten Autoren der Aufklärung.

Vorwort

Langeweile – ein Begriff, der auf den ersten Blick harmlos wirkt, ja fast banal erscheint. Und doch birgt er eine tiefere Bedeutung, die so alt ist wie die Menschheit selbst. Der Titel dieses Buches, ›Die Erfindung der Langeweile‹, mag zunächst provokant anmuten. Kann etwas, das so alltäglich scheint, tatsächlich erfunden worden sein? Ist Langeweile nicht vielmehr ein universeller Zustand, ein unvermeidbarer Teil des menschlichen Lebens?

Um diese Fragen zu verstehen, müssen wir weit zurückblicken – zurück in die graue Vorzeit, zu den Ursprüngen unserer Spezies. Es war eine Zeit, die aus heutiger Sicht kaum als lebenswert erscheinen würde. Es fehlte an Komfort, an Sicherheit, an Möglichkeiten, und dennoch: Für die Menschen jener Ära war dieses Leben alternativlos. Sie kannten weder den Begriff der Langeweile noch das Konzept freier Zeit. Ihre Existenz war geprägt von einer allgegenwärtigen Dringlichkeit, von der ständigen Notwendigkeit, zu überleben.

Die Welt der frühen Menschen

Stellen wir uns die Tage der Jäger und Sammler vor: Der erste Sonnenstrahl am Horizont kündigte einen neuen Tag an, und dieser begann wie jeder andere. Die Sorge um Nahrung dominierte alles. Es war keine Zeit, die von Ablenkung oder Zerstreuung durchzogen war – es war eine Zeit des absoluten Fokus. Jede Entscheidung war eingebettet in den Rahmen des Überlebens.

Die Menschen jener Ära lebten in kleinen Gruppen, gebunden durch Notwendigkeit und gegenseitige Abhängigkeit. Sich von der Gruppe zu entfernen, um Nahrung zu suchen, bedeutete eine immense Gefahr. Der Radius ihres Handelns war begrenzt, ihr Horizont eng. Doch dieser Zustand brachte etwas mit sich, das für den modernen Menschen kaum vorstellbar ist: ein Leben frei von der Idee der Langeweile.

Langeweile konnte nicht existieren, weil es keinen Raum für sie gab. Der Moment des Augenblicks war allumfassend, das Leben war in seiner Einfachheit und Dringlichkeit vollkommen präsent.

Der Fortschritt und die Entstehung der Langeweile

Mit dem Fortschritt veränderte sich alles. Die Sesshaftwerdung, die Entwicklung von Werkzeugen, die Beherrschung von Feuer und später die Landwirtschaft und Industrialisierung – all dies schuf nicht nur neue Möglichkeiten, sondern auch neue Herausforderungen. Zum ersten Mal in der Geschichte entstand etwas, das wir heute ›freie Zeit‹ nennen könnten.

Doch diese Freiheit brachte auch eine Leerstelle mit sich. Mit dem Fortschritt kam nicht nur Sicherheit, sondern auch das Bewusstsein, dass das Leben mehr sein könnte als bloßes Überleben. Es entstand die Möglichkeit, Zeit zu erleben, die nicht unmittelbar durch Notwendigkeit gefüllt war. Und hier, an dieser Schwelle, tauchte die Langeweile auf – ein Phänomen, das so tief mit dem Fortschritt verwoben ist, dass es kaum mehr aus unserem Leben wegzudenken ist.

Ein modernes Paradox

Heute leben wir in einer Welt, die von Möglichkeiten überquillt. Wir können reisen, lernen, konsumieren, kommunizieren – oft alles gleichzeitig. Und doch klagen wir, vielleicht mehr denn je, über Langeweile. Wie kann das sein? Wie konnte ein Zustand, der ursprünglich fast unbekannt war, zu einer solchen Konstante in unserem Leben werden?

Die Antwort auf diese Frage liegt in der Art und Weise, wie wir mit Zeit umgehen. In der Moderne erscheint uns Zeit oft wie ein unendliches Gefäß, das wir füllen müssen. Doch diese Illusion ist trügerisch. Unsere Zeit ist begrenzt – und die Erkenntnis dieser Begrenztheit macht die Langeweile zu einem beinahe tragischen Zustand. Sie wird zum Symbol für die Unfähigkeit, den Moment zu füllen, zum Sinnbild eines Lebens, das scheinbar nicht genügend Inhalt hat.

Die Langeweile sichtbar machen

Dieses Buch ist kein Angriff auf die Langeweile. Es ist vielmehr ein Versuch, sie zu verstehen und ihre Bedeutung zu erkennen. Denn Langeweile ist kein bloßer Leerlauf. Sie ist eine der Bedingungen, die das Menschsein ausmachen.

Langeweile kann destruktiv sein, ein Gefühl der inneren Leere, das uns lähmt. Aber sie kann auch konstruktiv sein – ein Raum, in dem neue Ideen entstehen, in dem wir uns selbst begegnen. Es ist diese Ambivalenz, die dieses Buch beleuchten möchte.

Die Geschichte der Langeweile ist die Geschichte des Menschen. Indem wir sie untersuchen, blicken wir nicht nur auf unsere Vergangenheit, sondern auch auf unsere Gegenwart und Zukunft. Die Frage, wie wir mit Langeweile umgehen, ist letztlich eine Frage danach, wie wir mit der Zeit umgehen – und mit dem Leben selbst.

›Die Erfindung der Langeweile‹ lädt Sie, den Leser, ein, sich dieser scheinbar alltäglichen, aber in Wahrheit tiefgründigen Erfahrung zu nähern. Lassen Sie uns gemeinsam in die Abgründe und Möglichkeiten der Langeweile eintauchen, um ihre Geheimnisse zu ergründen und ihre Bedeutung für unser Dasein zu entschlüsseln.

Die Geburt der Zeit:

Das Erwachen des Bewusstseins

Wie die menschliche Wahrnehmung von Zeit entstand und das Fundament für spätere Konzepte wie Langeweile legte

Zeit – dieses unsichtbare, unerbittliche Phänomen, das unser Leben strukturiert und uns doch oft entgleitet. Sie ist allgegenwärtig und unvermeidlich, und dennoch liegt ihr Ursprung in einer bemerkenswerten Entwicklung: dem Erwachen des menschlichen Bewusstseins. Die Wahrnehmung von Zeit, wie wir sie heute kennen, war keine Selbstverständlichkeit, sondern das Ergebnis eines langen, komplexen Prozesses. Erst als der Mensch begann, sich seiner selbst bewusst zu werden, wurde auch die Zeit zu einem zentralen Aspekt seines Daseins – und damit zur Voraussetzung für das, was wir später als Langeweile empfinden würden.

Der Augenblick:

Zeit vor der Zeit

Bevor die Zeit im menschlichen Geist geboren wurde, war sie nur ein natürlicher Taktgeber. Der Wechsel von Tag und Nacht, die Jahreszeiten, der Mondzyklus – all dies existierte lange vor den Menschen. Tiere reagieren auf diese Rhythmen instinktiv, ohne sie bewusst zu reflektieren. Für sie gibt es keine

Vergangenheit und keine Zukunft, sondern nur den gegenwärtigen Moment. Der Löwe jagt nicht, weil er den nächsten Tag plant, sondern weil sein Instinkt ihn dazu antreibt.

Auch unsere frühesten Vorfahren lebten in dieser Art von zeitloser Gegenwart. Ihr Dasein war eng mit den unmittelbaren Anforderungen des Überlebens verknüpft: Nahrung finden, Schutz suchen, Gefahren abwehren. Diese Handlungen folgten einem Kreislauf, der von der Natur diktiert wurde. Ein Gedanke an die Zukunft, wie wir ihn kennen, war unnötig, ja vielleicht sogar unmöglich. Doch irgendwann veränderte sich etwas.

Die Entdeckung des Selbst

Der Schlüssel zu dieser Veränderung war das Bewusstsein. Es war die Fähigkeit, sich selbst als Individuum zu erkennen – getrennt von der Umwelt, aber auch in Beziehung zu ihr. Archäologische Funde, wie die ersten Höhlenmalereien, geben uns Hinweise darauf, wann dieser Wandel einsetzte. Mit dem Erkennen ihrer eigenen Existenz begann der Mensch, sich auch Gedanken über seine Umgebung und seine Rolle darin zu machen.

Die Geburt des Selbstbewusstseins brachte eine neue Dimension in das menschliche Leben: die Fähigkeit, Vergangenes zu erinnern und Kommendes zu antizipieren. Plötzlich war der Mensch nicht mehr bloß im Hier und Jetzt gefangen. Er konnte zurückblicken – auf eine erfolgreiche Jagd oder auf eine schmerzhafte Erfahrung. Und er konnte in die Zukunft blicken, auf das, was ihn erwartete: eine kommende Regenzeit, eine mögliche Gefahr oder schlicht den nächsten Tag.

Doch diese Fähigkeit hatte ihren Preis. Denn mit der Wahrnehmung der Zeit kam auch die Erkenntnis ihrer Begrenztheit.

Zeit und Vergänglichkeit

Die Vergangenheit konnte bewahrt werden – nicht physisch, sondern in der Erinnerung. Doch die Zukunft blieb ein Mysterium, voller Möglichkeiten und Ungewissheiten. Dieses Wissen um die Vergänglichkeit machte das Leben reicher, aber auch komplexer. Denn was bleibt vom Augenblick, wenn er vergangen ist?

Die ersten Menschen, die sich mit diesen Fragen auseinandersetzten, mussten neue mentale Werkzeuge entwickeln, um mit der Zeit umzugehen. Sie begannen, Rituale und Symbole zu schaffen, die ihre Beziehung zur Zeit ausdrückten. Begräbnisstätten aus der Altsteinzeit deuten darauf hin, dass sie nicht nur an die Gegenwart, sondern auch an ein ›Danach‹ glaubten. Zeit war nicht länger eine bloße Abfolge von Tagen, sondern eine Dimension, die das Leben durchdrang und strukturierte.

Der Grundstein für die Langeweile

Mit dem Bewusstsein für Zeit und Vergänglichkeit war der Grundstein für die Langeweile gelegt. Denn Langeweile ist untrennbar mit dem menschlichen Zeitgefühl verbunden. Sie entsteht nur, wenn wir uns der vergehenden Zeit bewusst sind und spüren, dass sie ungenutzt verstreicht.

Die Tiere kennen keine Langeweile, weil sie keine Zeit kennen. Der Mensch hingegen begann, in den Augenblicken des Leerlaufs oder der Wartens eine Leere zu spüren, die ihn vor ein Dilemma stellte: Wie fülle ich die Zeit, die vor mir liegt? Und warum bleibt das Gefühl der Leere trotzdem bestehen, auch wenn ich beschäftigt bin?

Diese frühen Fragen begleiten die Menschheit bis heute. Denn das Erwachen des Bewusstseins brachte nicht nur Fortschritt und Kreativität, sondern auch die Bürde, sich mit der eigenen Endlichkeit auseinanderzusetzen.

Zeit als Fluch und Segen

Die Wahrnehmung von Zeit war ein Geschenk und eine Last zugleich. Sie ermöglichte es dem Menschen, sich zu entwickeln, zu planen, zu träumen. Doch sie schuf auch die Voraussetzung für Gefühle wie Langeweile, Unzufriedenheit und Angst. In den Momenten, in denen das Leben keine unmittelbare Dringlichkeit verlangte, entstand eine neue Leerstelle: das Bewusstsein des ›Nichtstuns‹.

Dieses Kapitel beleuchtet den Ursprung dieser Leerstelle und zeigt, wie der menschliche Geist – durch die Entdeckung der Zeit – eine neue Herausforderung für sich selbst geschaffen hat. Langeweile ist nicht nur eine Erfahrung, die wir zu vermeiden suchen. Sie ist ein Schlüssel zu unserem Verständnis von uns selbst und unserer Beziehung zur Zeit.

Im Erwachen des Bewusstseins liegt der Beginn einer Geschichte, die uns bis heute prägt: die Geschichte von der Erfindung der Langeweile.

Die graue Vorzeit:

Leben im Augenblick

Das Leben der frühen Jäger und Sammler und warum es in einer Welt der ständigen Dringlichkeit keine Langeweile gab

Es gibt kaum eine Phase in der Menschheitsgeschichte, die weiter von der modernen Vorstellung von Leben und Zeit entfernt ist als die Ära der Jäger und Sammler. In dieser grauen Vorzeit, als Menschen in kleinen Gruppen über die Erde zogen, bestimmte die Natur jede Bewegung, jede Entscheidung, jeden Gedanken. Das Leben war geprägt von ständiger Dringlichkeit, von der unerbittlichen Notwendigkeit, das Überleben zu sichern. Es war ein Dasein im Augenblick – nicht, weil die Menschen bewusst danach strebten, sondern weil es keine Alternative gab.

In dieser Welt, die so grundlegend anders war als die unsere, war Langeweile nicht nur unbekannt, sondern schlichtweg unmöglich.

Ein Tag im Rhythmus der Natur

Der Tagesablauf eines Jägers und Sammlers war völlig in den Kreislauf der Natur eingebettet. Die ersten Sonnenstrahlen signalisierten nicht nur den Beginn eines neuen Tages, sondern auch die Rückkehr der Pflicht, Nahrung zu beschaffen. Die Umgebung war kein passiver Hintergrund, sondern ein lebendiger, unberechenbarer Gegner.

Die Jagd war ein zentraler Bestandteil des Lebens, aber sie war weder ein Hobby noch ein Sport, sondern pure Notwendigkeit. Tiere waren Beute, aber auch Konkurrenten und Bedrohung. Die Suche nach essbaren Pflanzen war eine ebenso wichtige wie zeitintensive Aufgabe, die Wissen, Geduld und Beobachtungsgabe erforderte.

Kein Moment war ohne Bedeutung. Selbst in Zeiten scheinbarer Ruhe – etwa bei der Reparatur von Werkzeugen oder dem Zubereiten von Nahrung – gab es immer etwas zu tun, etwas zu planen, etwas zu vermeiden.

Die Abwesenheit von Leerlauf

Das Konzept von Freizeit, wie wir es kennen, existierte nicht. Es gab keinen ›überschüssigen‹ Raum zwischen den Aufgaben. Jede Handlung war auf das Überleben ausgerichtet, und jede Unterbrechung wurde von der ständigen Möglichkeit einer Gefahr überschattet. Ein Raubtier konnte jederzeit auftauchen, ein plötzlicher Wetterumschwung konnte das Leben bedrohen, oder ein Streit innerhalb der Gruppe konnte die fragile soziale Ordnung ins Wanken bringen.

Die Dringlichkeit des Überlebens machte es unmöglich, sich in Gedanken oder Gefühlen der Langeweile zu verlieren. Langeweile erfordert Zeit – Zeit, die als ›übrig‹ empfunden wird.

Doch in der Vorzeit gab es kein Übermaß an Zeit, sondern immer nur den nächsten Moment, der nach Aufmerksamkeit verlangte.

Gemeinschaft als Lebenslinie

Ein weiteres Element, das Langeweile verhinderte, war die starke Bindung an die Gruppe. Jäger und Sammler lebten in kleinen Gemeinschaften, in denen jeder Einzelne eine Rolle spielte. Die Abhängigkeit voneinander war absolut: Wer nicht zur Gruppe gehörte, war zum Sterben verurteilt.

Diese soziale Struktur schuf eine Dynamik, die die Menschen ständig beschäftigte. Rituale, Geschichten und gemeinschaftliche Aufgaben boten nicht nur Sicherheit, sondern auch eine Art emotionalen Rahmen, in dem die Zeit niemals als leer empfunden wurde.

Der Augenblick als Lebensweise

Für den modernen Menschen ist der Augenblick oft nur eine Brücke zwischen Vergangenheit und Zukunft – etwas, das man durchquert, ohne ihm große Beachtung zu schenken. Doch für die frühen Jäger und Sammler war der Augenblick alles. Sie lebten in einer Welt, in der die Vergangenheit zwar als Erinnerung existierte und die Zukunft als vage Möglichkeit erahnt werden konnte, aber der gegenwärtige Moment dominierte alles.

Diese Existenz im Augenblick war kein bewusst gewählter Lebensstil, sondern eine notwendige Anpassung an die Gegebenheiten der Umwelt. Es gab keine Zeit für Reflexion, keine Muße, keine Leere. Die Idee, dass Zeit gefüllt werden muss, war sinnlos – die Zeit war bereits angefüllt mit Leben.

Warum es keine Langeweile gab

Langeweile entsteht erst, wenn der Mensch die Möglichkeit hat, über sich selbst und die Zeit nachzudenken. Sie erfordert einen inneren Abstand zwischen dem, was ist, und dem, was sein könnte. Die frühen Menschen kannten diesen Abstand nicht.

Ihr Leben war zwar hart und gefährlich, aber es war nicht leer. Die ständige Präsenz von Dringlichkeit, Gemeinschaft und natürlicher Ordnung ließ keinen Raum für die Empfindung von Zeit, die nicht genutzt wird.

Was bleibt von der Vorzeit?

Wenn wir heute auf die graue Vorzeit zurückblicken, erscheint sie uns fremd, fast undenkbar. Und doch ist sie der Ursprung unserer Menschlichkeit. Die Lebensweise der Jäger und Sammler mag uns in ihrer Einfachheit faszinieren, aber sie zeigt auch, wie sehr sich unser Verhältnis zur Zeit verändert hat.

Mit dem Übergang zu sesshaften Gesellschaften begann der Mensch, die Zeit anders wahrzunehmen. Erst in der Abwesen-

heit ständiger Dringlichkeit entstand der Raum, in dem Langeweile wachsen konnte. Doch in der Welt der frühen Menschen
war das Leben im Augenblick kein philosophisches Ideal – es
war die einzige Realität.

Muße und Mangel:

Erste Spuren der Langeweile

**Die Entstehung von Momenten des Nichtstuns in frühen
sesshaften Kulturen und ihre Deutung als Teil des Lebens**

Die Sesshaftwerdung der Menschheit markierte einen Wendepunkt in der Geschichte. Während das Leben der Jäger und Sammler von ständiger Bewegung und unmittelbarer Dringlichkeit geprägt war, brachte die Sesshaftigkeit eine neue Dynamik mit sich: das Warten. Mit dem Aufstieg der Landwirtschaft und der Tierhaltung änderte sich die Natur des menschlichen Daseins grundlegend. Zum ersten Mal wurden Zeiträume geschaffen, die nicht unmittelbar durch Überlebensnotwendigkeiten gefüllt waren.

Doch was geschieht, wenn die Hände stillstehen und die Gedanken Raum gewinnen? In diesen Momenten des Nichtstuns, in den Pausen zwischen Saat und Ernte, zwischen Mühen und Festen, blühte ein neues Gefühl auf: eine Leere, die zuvor unvorstellbar gewesen war.

Ein Leben zwischen Muße und Arbeit

Die frühen sesshaften Kulturen standen in einem Spannungsfeld zwischen Arbeit und Ruhe. Die Landwirtschaft verlangte ein neues Zeitverständnis. Pflanzen wuchsen nicht schneller, nur weil man sie unablässig beobachtete. Diese Unverrückbarkeit der Natur zwang den Menschen, sich mit dem Zeitfluss auseinanderzusetzen. Zwischen dem Säen und der Ernte, zwischen der Versorgung der Tiere und ihrer Nutzung lag ein Zwischenraum – ein Raum, der früher nicht existiert hatte.

In diesen Zwischenräumen entstand eine neue Erfahrung: die Muße. Doch Muße, jene kostbare Ruhe, die uns heute als idealisierte Freiheit erscheint, war nicht nur ein Zustand der Erholung. Sie brachte auch die Kehrseite mit sich: das Gefühl des Mangels, wenn das Nichtstun nicht erfüllend war.

Vom Ritual zur Reflexion

Die frühen sesshaften Kulturen entwickelten Rituale, um diese neuen Zeiträume zu strukturieren. Feste und religiöse Zeremonien erfüllten die Leere mit Symbolik und Bedeutung. Der Moment des Innehaltens wurde zu einer Gelegenheit, die eigene Existenz zu feiern, die Kräfte der Natur zu ehren und die Gemeinschaft zu stärken.

Doch nicht jede freie Zeit war von dieser Sinngebung durchzogen. Wenn die Arbeit getan und das Fest gefeiert war, blieb etwas übrig, das neuartig und fremd wirkte: Zeit, die nicht sofort gefüllt werden konnte. Der Mensch begann, sich dieser Leere bewusst zu werden – und in diesem Bewusstsein lag der erste Funke der Langeweile.

Zeit als Maßstab des Lebens

Mit der Sesshaftigkeit entstand nicht nur das Konzept von Muße, sondern auch ein neues Verständnis von Zeit. Die Zeit wurde zum Maßstab für Erfolg oder Misserfolg. Die Menschen beobachteten die Natur, ihre Zyklen und Rhythmen, und begannen, ihre eigenen Tätigkeiten in dieses Muster einzufügen.

Doch die Natur ist unerbittlich langsam. In der unaufgeregten Geduld eines wachsenden Getreidehalms oder einer tragenden Ziege spiegelte sich eine neue Dimension wider: das Vergehen der Zeit als etwas, das außerhalb des menschlichen Handelns liegt. Und in dieser Unbeweglichkeit erwachte eine Erkenntnis, die zugleich beunruhigend und faszinierend war: Der Mensch konnte der Zeit nicht entkommen.

Erste Spuren der Langeweile

Die Leere, die in diesen Momenten der Stille entstand, war eine unerwartete Begleiterscheinung des Fortschritts. Während die frühen Menschen in der grauen Vorzeit nie Raum für Langeweile hatten, bot die sesshafte Lebensweise nun eine Bühne für dieses neue Gefühl. Es war ein Zustand, der die Menschen nicht nur mit der Zeit, sondern auch mit sich selbst konfrontierte.

Langeweile ist kein bloßes Nichts, sondern ein bewusst wahrgenommener Mangel. Dieser Mangel entsteht, wenn die Verbindung zwischen Handlung und Ziel sich löst. Die Sesshaftigkeit brachte genau diese Lücke mit sich: Zeit, die weder durch unmittelbare Überlebensaufgaben noch durch feierliche Rituale gebunden war, wurde zu einem Feld, in dem die Menschen sich selbst begegneten – und manchmal auch der Leere.

Muße als Balanceakt

Doch Muße war auch ein Geschenk. In den Momenten des Nichtstuns fand der Mensch Raum für Kreativität, für Reflexion, für Träume. Die ersten Geschichten, die wir in Form von Höhlenmalereien oder später durch mündliche Überlieferungen kennen, könnten in solchen Zeiten der Ruhe entstanden sein.

Muße war der Grundstein für kulturelle Errungenschaften, die über das bloße Überleben hinausgingen. Doch dieses Geschenk war ambivalent: Die Freiheit, innezuhalten, brachte auch die Bürde mit sich, die Leere zu ertragen. Und so begann die Menschheit, diese Leere zu füllen – mit Symbolen, mit Mythen, mit Visionen.

Ein neues Verhältnis zur Zeit

Mit der Sesshaftigkeit begann der Mensch, die Zeit anders wahrzunehmen. Sie war nicht länger ein Fluss, der durch das unmittelbare Überleben bestimmt wurde, sondern ein Feld, das gestaltet werden konnte. Doch diese neue Freiheit war nicht ohne Schatten. Die Sesshaftigkeit legte den Grundstein für die Langeweile – ein Gefühl, das uns bis heute begleitet und uns immer wieder herausfordert, den Sinn unserer Zeit zu finden.

In den Momenten der Muße begegnete der Mensch nicht nur sich selbst, sondern auch der Frage, wie er mit der Zeit umgehen wollte. Diese Frage ist bis heute zentral – und ihre Ursprünge liegen in den ersten Momenten des Stillstands.

Antike Vorstellungen: Langeweile und philosophische Reflexion

Langeweile in den Denkweisen der Antike: Muße als Tugend und Leere als Gefahr

Die Antike, eine Epoche der großen Denker und der sich entfaltenden Kultur, schuf nicht nur Grundlagen für Wissenschaft und Politik, sondern prägte auch die Art, wie der Mensch über sich selbst und die Zeit nachdachte. Es war eine Zeit, in der Philosophen wie Aristoteles, Seneca oder Epikur die Frage stellten, wie man ein gutes Leben führen könne – ein Leben, das sinnvoll ist und frei von inneren Konflikten. In diesen Überlegungen fand die Langeweile ihren Platz, nicht immer unter diesem Namen, aber in ihren wesentlichen Erscheinungsformen: der Leere, der Unruhe und dem Gefühl, dass Zeit vergeht, ohne sinnvoll gefüllt zu sein.

Muße als Lebenskunst

Für die antiken Denker war Muße (otium) keine bloße Freizeit, sondern eine Tugend. Sie war ein wertvoller Zustand, in dem der Mensch zur Ruhe kommen und sich den höheren Dingen widmen konnte: der Philosophie, der Kunst oder dem Nachdenken über die Ordnung der Welt. In dieser Hinsicht war Muße ein Zeichen von Weisheit und Lebenskunst, eine

Art, den Alltag zu transzendieren und sich auf das Wesentliche zu besinnen.

Aristoteles beschrieb die Muße als den Zustand, in dem der Mensch seiner höchsten Bestimmung nachgehen könne: dem Streben nach Erkenntnis und der Kontemplation. Für ihn war sie kein leeres Nichtstun, sondern eine aktive Form des Seins, in der der Mensch seiner eigentlichen Natur näherkam. Muße war der Gegenpol zu ascholia, der Unruhe und Betriebsamkeit, die zwar notwendig war, aber nur Mittel zum Zweck sein konnte.

Doch diese idealisierte Vorstellung von Muße setzte auch eine gewisse Disziplin voraus. Nur wer sich seiner selbst sicher war, wer eine innere Ordnung besaß, konnte Muße sinnvoll erleben. Für den unruhigen Geist, der in der Leere keinen Sinn fand, konnte sie leicht ins Gegenteil umschlagen: in die Erfahrung von Leere als Bedrohung, die der antike Mensch zu fürchten begann.

Die Leere als Gefahr

Während die Muße in ihrer idealen Form ein Ziel der Philosophie war, schwang stets die Angst mit, dass sie in ihr Gegenteil kippen könnte. Die Römer, die den Begriff otium prägten, verstanden ihn nicht nur als Zeit der Besinnung, sondern auch als potenziellen Nährboden für Laster und Unruhe. Der Gegensatz zu otium war nicht nur die Arbeit (negotium), sondern auch die innere Leere, die in einem Zustand der Untätigkeit entstehen konnte.

Der römische Philosoph Seneca (~ 1 – 65 n. Chr.) warnte in seinen Schriften vor den Gefahren einer falschen Muße. Wer sich der Muße hingebe, ohne sie sinnvoll zu nutzen, riskiere, von einer Art existenzieller Unruhe erfasst zu werden, die er als taedium vitae bezeichnete – die Überdrüssigkeit des Lebens. In diesem Zustand, so Seneca, werde der Mensch zum Spielball seiner eigenen Rastlosigkeit. Er sucht Ablenkung, aber keine Erfüllung, und fällt so in einen Kreislauf, der ihn immer weiter von sich selbst entfernt.

Die Leere war für die Römer eine Gefahr, weil sie nicht nur die Abwesenheit von Tätigkeit bedeutete, sondern auch die Abwesenheit von Sinn. Und Sinn war für die antiken Denker die Grundlage eines guten Lebens.

Langeweile als moralische Herausforderung

Für Epikur und seine Anhänger stellte die Leere eine moralische Herausforderung dar. Epikur lehrte, dass das höchste Gut des Menschen in der Lust (hedone) liege, aber nicht in der sinnlichen Befriedigung, sondern in einem Zustand der Ruhe und Freiheit von Schmerz (ataraxia). Um diesen Zustand zu erreichen, müsse der Mensch lernen, mit seiner Zeit umzugehen, ohne von unnötigen Begierden getrieben zu werden.

Langeweile war in diesem Zusammenhang eine Gefahr, weil sie den Menschen dazu verleiten konnte, nach oberflächlichen Ablenkungen zu suchen, die ihn letztlich unzufriedener machten. Epikur riet dazu, die Muße bewusst zu gestalten und sich auf einfache Freuden zu konzentrieren: ein Gespräch mit Freunden, das Studium der Natur, das Nachdenken über das Leben. Wer diesen Weg wählte, konnte der Leere entgehen und ein erfülltes Leben führen.

Die Ambivalenz der Muße

Die antiken Vorstellungen von Muße und Leere zeigen eine bemerkenswerte Ambivalenz. Einerseits war Muße ein Ideal, ein Zustand, der dem Menschen seine Würde und Freiheit verlieh. Andererseits war sie eine Gratwanderung, die leicht in Sinnlosigkeit und Unzufriedenheit umschlagen konnte.

Diese Widersprüchlichkeit spiegelt sich auch in der Kunst und Literatur der Antike wider. In den Dramen und Epen der Griechen und Römer wird oft von Menschen berichtet, die in Zeiten des Friedens und Wohlstands nicht zur Ruhe kommen konnten. Sie suchten nach neuen Herausforderungen oder verfielen in eine melancholische Unruhe, die ihnen das Leben schwer machte.

Ein Erbe für die Moderne

Die antiken Reflexionen über Muße und Leere haben eine erstaunliche Aktualität. Sie zeigen, dass die Frage, wie der Mensch mit seiner Zeit umgeht, keine Erfindung der Moderne ist, sondern tief in der Geschichte verankert ist. Die Antike lehrt uns, dass Langeweile nicht nur ein Problem der äußeren Umstände ist, sondern eine Frage der inneren Haltung.

Muße als Tugend und Leere als Gefahr – diese Spannung durchzieht nicht nur die Philosophie der Antike, sondern auch unser eigenes Leben. Indem wir uns mit diesen alten Denkweisen auseinandersetzen, können wir neue Wege finden, mit der Zeit umzugehen und der Langeweile einen Platz in unserem Dasein zu geben, der uns nicht lähmt, sondern inspiriert.

Die antiken Denker gaben uns keine endgültigen Antworten, aber sie zeigten uns, dass Langeweile nicht nur eine Plage ist, sondern auch eine Gelegenheit zur Selbstreflexion. Es liegt an uns, dieses Erbe anzunehmen und die Zeit als das zu begreifen, was sie immer war: eine Ressource, die gestaltet werden will.

Das Mittelalter: Arbeit, Glaube und die Leere der Seele

Die Rolle von Langeweile in einer Welt, die von religiöser Ordnung und harter Arbeit geprägt war

Das Mittelalter war eine Epoche des Glaubens und der Entbehrung, eine Zeit, in der die alltägliche Existenz fest in eine kosmische Ordnung eingebunden war. Arbeit war nicht nur eine Notwendigkeit, sondern ein Teil des göttlichen Plans. Die Menschen sahen sich als kleine Zahnräder im großen Uhrwerk der Schöpfung, ihre Lebenszeit als Prüfungsphase für das ewige Leben. Doch zwischen den rigiden Strukturen von Arbeit und Glauben, zwischen dem Dröhnen der Mühlen und den lateinischen Psalmen der Klöster, regte sich ein Gefühl, das die Menschen jener Zeit kaum benennen konnten: die Leere der Seele.

Langeweile in ihrer modernen Form existierte vielleicht noch nicht, doch ihre Keimzellen waren längst vorhanden – verborgen in den monotonen Rhythmen des Alltags, in der Unsicherheit des Glaubens und in den Momenten, in denen weder Arbeit noch Gebet den Geist zu füllen vermochten.

Arbeit als göttliche Verpflichtung

Im Mittelalter war die Arbeit keine Wahl, sondern eine Pflicht. Die Lehre der Kirche verankerte die körperliche Arbeit als göttlichen Auftrag. Adam und Eva hatten durch ihren Sündenfall nicht nur die Paradiesesfreuden verloren, sondern auch das ›süße Nichtstun‹. Der Fluch ›Im Schweiße deines Angesichts sollst du dein Brot essen‹ (Genesis 3,19) machte die Arbeit zum unvermeidlichen Bestandteil des Lebens.

Für den einfachen Bauern war der Alltag ein mühsamer, immer gleicher Zyklus: Pflügen, Säen, Ernten – ein Rhythmus, der von den Jahreszeiten bestimmt wurde. Zeit war ein kostbares Gut, das nicht verschwendet werden durfte. Die Vorstellung von ›freier Zeit‹ war den Menschen fremd. Ruhephasen waren selten und wurden entweder von den Anforderungen der Gemeinschaft oder den Regeln der Kirche bestimmt.

Doch in dieser unermüdlichen Arbeit schlummerte eine paradoxe Gefahr: die Monotonie. Die gleichförmige Wiederholung der Tätigkeiten führte oft zu einer inneren Leere, einer geistigen Abwesenheit, die als unbehaglich empfunden wurde.

Glaube als Lebensanker – und als Bürde

Die Kirche bot den Menschen einen festen Rahmen, der ihrem Leben Struktur und Sinn verlieh. Sie versprach ein Ziel jenseits des irdischen Daseins: das ewige Leben im Himmel. Doch der Glaube war nicht nur ein Trost, sondern auch eine Quelle der Angst.

Die mittelalterliche Theologie war stark von der Vorstellung der Sünde geprägt. Jeder Moment, der nicht sinnvoll genutzt wurde – sei es durch Arbeit, Gebet oder andere gottgefällige

Tätigkeiten –, galt als Gefahr für die Seele. Der Mensch war dazu angehalten, über jede Handlung Rechenschaft abzulegen, nicht nur vor der Gemeinschaft, sondern auch vor Gott.

In den Schriften der Kirchenväter taucht der Begriff der ›Acedia‹ auf – eine tödliche Sünde, die oft als Trägheit oder geistige Lähmung beschrieben wird. Doch Acedia war mehr als Faulheit. Sie war eine Art existenzielle Langeweile, ein Zustand, in dem der Mensch sich vom Sinn des Lebens entfernt fühlte. Besonders Mönche und Nonnen, deren Leben von rigiden Gebets- und Arbeitsrhythmen geprägt war, waren anfällig für diese geistige Leere. Die Acedia wurde von der Kirche verurteilt, da sie den Menschen in eine gefährliche Nähe zur Verzweiflung brachte – der schlimmsten aller Sünden.

Der Kampf gegen die Leere

Das Mittelalter kannte zahlreiche Strategien, um der inneren Leere zu entkommen. Die Arbeit war eine davon, das Gebet eine andere. Doch auch die Kunst spielte eine wichtige Rolle. Kirchen und Klöster waren erfüllt von Bildern, Musik und Geschichten, die den Geist beschäftigen und auf das Himmlische ausrichten sollten.

Rituale und Feste dienten ebenfalls dazu, den Alltag zu durchbrechen. Die christlichen Feiertage – Ostern, Weihnachten, aber auch lokale Heiligenfeste – boten Momente der Gemeinschaft und Freude, in denen die Menschen für kurze Zeit der Mühsal des Alltags entfliehen konnten.

Doch die Leere verschwand nicht. Sie blieb eine ständige Begleiterin, ein Schatten, der besonders in den langen Wintermonaten oder in Zeiten der Not spürbar wurde.

Die Leere der Seele als Vorbote der Langeweile

Die Menschen des Mittelalters lebten in einer engen Beziehung zu ihrer Arbeit und ihrem Glauben. Doch gerade diese Strenge und Unausweichlichkeit schuf eine Leere, die wir heute als Vorläufer der Langeweile erkennen können. Sie war kein Luxusproblem, sondern eine grundlegende Erfahrung, die aus der Spannung zwischen Pflicht und Sinn entstand.

In dieser Leere spiegelt sich das, was die Menschen vielleicht nicht benennen, aber spüren konnten: ein Vakuum, das weder durch Arbeit noch durch Gebet vollkommen gefüllt werden konnte. Sie ahnten, dass es mehr geben musste – ein Gefühl, das die Menschen aus der Enge des Mittelalters in die neue Welt der Renaissance trieb, wo Muße und Reflexion wieder an Bedeutung gewinnen sollten.

Eine leise Rebellion

Das Mittelalter war eine Epoche der Unterordnung, doch die Leere der Seele brachte auch erste Fragen hervor. Warum arbeitet der Mensch? Warum glaubt er? Und was bleibt, wenn die Arbeit endet und der Glaube stumm bleibt?

Diese Fragen mögen nur in den leisesten Ecken der Epoche aufgeklungen sein, doch sie zeigten die Richtung an, in die die

Menschheit sich bewegen würde. Langeweile, so scheu sie in der mittelalterlichen Welt noch auftrat, war eine treibende Kraft hinter dem Wunsch nach Veränderung – eine Kraft, die in späteren Jahrhunderten laut und unüberhörbar werden sollte.

Die mittelalterliche Leere der Seele war mehr als eine Plage; sie war der erste Schritt auf dem Weg zu einer neuen Art des Bewusstseins. Sie zwang die Menschen, über ihre Beziehung zur Zeit, zur Arbeit und zum Glauben nachzudenken. Und in diesem Nachdenken liegt vielleicht der größte Beitrag des Mittelalters zur Geschichte der Langeweile.

Die Renaissance:

Das Entdecken des Selbst

Wie Individualität und Selbstreflexion zur neuen Erfahrung von Leere und Unzufriedenheit führten

Die Renaissance, oft als Wiedergeburt der Künste, der Wissenschaft und der Menschlichkeit gefeiert, war auch eine Zeit der tiefgreifenden Umwälzungen im Denken. Sie markierte den Übergang von der streng religiösen Ordnung des Mittelalters hin zu einer neuen Ära, in der der Mensch zunehmend sich selbst und seine Individualität in den Mittelpunkt rückte. Mit diesem Aufbruch ins Selbstbewusstsein ging jedoch eine unerwartete Begleiterscheinung einher: das Entstehen neuer Formen der inneren Leere, die sich in der Langeweile manifestierten.

Während die Welt des Mittelalters fest in einem göttlichen Plan verankert war, schuf die Renaissance eine Welt, in der der Mensch zunehmend für sich selbst verantwortlich wurde – für seine Zeit, seine Bestimmung und seinen Sinn. Diese Freiheit bot unendliche Möglichkeiten, aber sie öffnete auch die Tür zu neuen Unsicherheiten und einer Art Langeweile, die weder als Sünde noch als Trägheit verstanden wurde, sondern als etwas tief Existenzielles.

Die Befreiung von der göttlichen Ordnung

Die Renaissance war geprägt von der Rückbesinnung auf die Antike. In den philosophischen Schriften und der Kunst der Griechen und Römer fanden die Denker der Renaissance Inspiration für ein neues Weltbild, das nicht allein auf der göttlichen Ordnung basierte. Der Mensch wurde nicht mehr nur als ein von Gott geschaffenes Wesen betrachtet, sondern als Gestalter seines eigenen Schicksals.

Leonardo da Vinci (1452 – 1519) und Michelangelo (1475 – 1564) schufen Bilder und Skulpturen, die den Menschen in seiner ganzen körperlichen und geistigen Pracht feierten. Die Philosophie von Humanisten wie Giovanni Pico della Mirandola (1463 – 1494) stellte die Freiheit und Würde des Individuums in den Vordergrund.

Doch diese Befreiung hatte ihren Preis. Der Verlust der allumfassenden Sicherheit, die der göttliche Plan im Mittelalter geboten hatte, führte zu einer neuen Form der existenziellen Unsicherheit. Die Frage »Was soll ich mit meinem Leben anfangen?« trat in den Vordergrund – eine Frage, die unweigerlich Momente der Leere und des Zweifels mit sich brachte.

Muße und Langeweile im Zeitalter der Genies

Die Renaissance war eine Zeit, in der Muße wieder an Bedeutung gewann, aber in einer neuen, ambivalenten Form. Anders als im Mittelalter, wo Untätigkeit als Sünde galt, wurde Muße in der Renaissance als notwendige Voraussetzung für kreative und intellektuelle Arbeit angesehen. Künstler und Denker suchten gezielt nach Momenten des Rückzugs, in denen sie nachdenken und sich inspirieren lassen konnten.

Doch die Muße der Renaissance war oft schwer zu kontrollieren. Sie konnte in Langeweile umschlagen, wenn die Inspiration ausblieb oder die großen Fragen des Lebens keine befriedigenden Antworten fanden. Diese innere Leere spiegelt sich in den Tagebüchern und Briefen vieler Künstler und Denker wider, die mit der Diskrepanz zwischen ihrer Schaffenskraft und der scheinbar endlosen Weite der Möglichkeiten kämpften.

Die Renaissance und die Geburt der Melancholie

Mit der Renaissance gewann auch die Melancholie eine neue Bedeutung. Sie wurde nicht mehr nur als eine pathologische Verfassung betrachtet, sondern als ein Zustand, der mit Kreativität und Genie verbunden war. Viele der größten Geister der Zeit, darunter Michelangelo und Albrecht Dürer (1471 – 1528), beschrieben Momente tiefer innerer Unruhe, die oft an Langeweile erinnerten.

Dürers berühmtes Kupferstichwerk ›Melencolia I‹ zeigt eine allegorische Figur, die zwischen Werkzeugen und Symbolen der Wissenschaft sitzt, doch in ihrer Haltung eine schwere Nachdenklichkeit und innere Leere ausdrückt. Diese Darstellung verkörpert den Konflikt zwischen dem Streben nach Wissen und der Erkenntnis der eigenen Grenzen – ein Konflikt, der die Renaissance durchzog und oft Momente der Langeweile mit sich brachte.

Langeweile als Spiegel der Freiheit

Ein entscheidender Unterschied zwischen der Langeweile des Mittelalters und der der Renaissance liegt in ihrer Deutung. Während im Mittelalter die Leere als eine Abweichung von der göttlichen Ordnung galt, wurde sie in der Renaissance als eine Folge der menschlichen Freiheit verstanden. Der Mensch war nicht mehr an eine vorgegebene Rolle gebunden, sondern konnte sein Leben selbst gestalten – doch diese Freiheit brachte die Verantwortung mit sich, die eigene Zeit sinnvoll zu nutzen.

In dieser Verantwortung lag die Keimzelle einer neuen Art von Langeweile. Sie war nicht nur das Gefühl, dass Zeit ungenutzt verstreicht, sondern auch das Bewusstsein, dass diese Zeit einem gehört – und dass man selbst entscheiden muss, was man mit ihr anfängt.

Die Renaissance und die Moderne

Die Renaissance bereitete den Weg für das moderne Verständnis von Langeweile. Sie machte deutlich, dass Langeweile nicht nur eine Frage der äußeren Umstände ist, sondern auch eine innere Erfahrung, die eng mit Freiheit und Selbstbewusstsein verknüpft ist.

In der Renaissance begann der Mensch, sich als Schöpfer seiner eigenen Welt zu sehen – aber auch als Gefangener seiner eigenen Zweifel und Möglichkeiten. Die Langeweile, die in dieser Epoche entstand, war ein Spiegel dieser neuen Selbstwahrnehmung. Sie zeigte, dass der Mensch nicht nur ein Wesen der Tat ist, sondern auch ein Wesen des Denkens, des Zweifelns und des Sehnens nach Sinn.

Diese Erkenntnis hat die Renaissance zu einer der wichtigsten Stationen in der Geschichte der Langeweile gemacht. Sie legte den Grundstein für das moderne Verständnis von Muße, Leere und Kreativität – und für die Frage, wie wir mit unserer Freiheit und unserer Zeit umgehen.

Barock und Melancholie:

Die Langeweile der Fülle

Das Zeitalter des Überflusses und der Melancholie als Ausdruck einer tiefen Langeweile

Das Barockzeitalter, das vom späten 16. bis zum frühen 18. Jahrhundert reichte, war eine Epoche der Gegensätze. Auf der einen Seite standen verschwenderische Pracht und üppiger Überfluss, sichtbar in den prunkvollen Palästen, den überladenen Gemälden und den opulenten Festen des Adels. Auf der anderen Seite war es eine Zeit der tiefen Verunsicherung, geprägt von Kriegen, Seuchen und der Vergänglichkeit des Lebens. Inmitten dieses Spannungsfeldes entstand eine Form der Melancholie, die nicht nur Ausdruck persönlicher Traurigkeit war, sondern auch ein Zeichen einer neuen Art von Langeweile – einer Langeweile, die aus der Überfülle des Lebens erwuchs.

Der Überfluss, der das Barockzeitalter definierte, schuf eine paradoxe Leere, eine Sehnsucht nach etwas, das jenseits von Reichtum und Vergnügen lag. Die Melancholie des Barock war nicht einfach nur ein individueller Zustand, sondern ein kulturelles Phänomen, das in der Kunst, der Literatur und der Philosophie der Zeit seinen Ausdruck fand.

Die Welt der Überfülle

Das Barock war ein Zeitalter, in dem alles in Überschwang geschah. In der Architektur erhoben sich grandiose Bauwerke wie das Schloss Versailles, ein Symbol des Absolutismus und der schieren Macht der Monarchie. Gemälde von Künstlern wie Peter Paul Rubens (1577 – 1640) oder Caravaggio (1571 – 1610) waren voller Leben, Bewegung und Emotion, oft überladen mit Details und Symbolen.

Doch dieser Überfluss war mehr als ein ästhetischer Stil; er war eine Antwort auf die Unsicherheiten der Zeit. Die Menschen des Barock waren sich der Zerbrechlichkeit ihres Lebens bewusst. Der Dreißigjährige Krieg hatte weite Teile Europas verwüstet, die Pest wütete in regelmäßigen Abständen, und die religiösen Konflikte zwischen Katholiken und Protestanten zerrissen die Gesellschaft.

In einer Welt, in der der Tod allgegenwärtig war, wurde der Überfluss zu einem Mittel, die Vergänglichkeit zu übertönen. Doch die Pracht und die Fülle waren nicht in der Lage, die innere Leere zu füllen, die viele Menschen empfanden. Im Gegenteil: Der Überfluss selbst schuf oft eine Art von Langeweile, eine Melancholie, die aus dem Gefühl entstand, dass das Leben trotz all seines Glanzes hohl und sinnlos war.

Die Melancholie des Barock

Melancholie war ein zentrales Thema der barocken Kultur. Sie wurde als Zustand beschrieben, der den Menschen erfasste, wenn er über die Vergänglichkeit des Lebens nachdachte. Der barocke Mensch war von der Vorstellung durchdrungen, dass alles Irdische vergänglich ist. Dieses Bewusstsein spiegelt sich in der Kunst und Literatur der Zeit wider, insbesondere in der sogenannten Vanitas-Symbolik.

Vanitas, das lateinische Wort für ›Nichtigkeit‹, wurde zu einem Leitmotiv des Barock. Stillleben zeigten prachtvolle Objekte wie Schmuck, Bücher oder Musikinstrumente, oft begleitet von Symbolen des Todes wie Totenköpfen, verwelkenden Blumen oder zerbrochenen Uhren. Diese Darstellungen erinnerten daran, dass alles Irdische letztlich vergehen würde.

Doch die Melancholie des Barock war mehr als nur ein Ausdruck von Todesangst. Sie war auch eine Reaktion auf die Langeweile der Fülle. Der Mensch konnte sich in Reichtum und Vergnügen verlieren, doch diese Ablenkungen waren nur von kurzer Dauer. Die Melancholie brachte ihn zurück zur Frage nach dem Sinn des Lebens – einer Frage, die in der barocken Welt oft unbeantwortet blieb.

Langeweile im Überfluss

Die Langeweile des Barock war eine neue Erfahrung. Anders als die Langeweile der Leere, die aus Mangel oder Untätigkeit entsteht, war sie das Produkt von Überfluss. Der Mensch des Barock konnte sich fast alles leisten: prächtige Feste, exotische Waren, die besten Künstler und Musiker. Doch genau diese Überfülle führte dazu, dass viele Menschen das Gefühl hatten, dass nichts mehr wirklich bedeutungsvoll war.

Die Literatur des Barock fängt dieses Gefühl der Langeweile ein. In Andreas Gryphius' Gedichten etwa findet sich immer wieder die Klage über die Nichtigkeit der Welt:

> **»Was dieser heute baut, reißt jener morgen ein;**
> **Wo itzt die Städte stehn, wird eine Wiese sein.«**

Diese Worte drücken nicht nur die Vergänglichkeit des Lebens aus, sondern auch die Müdigkeit gegenüber einer Welt, die trotz ihrer Pracht keinen dauerhaften Trost bietet.

Die Suche nach Sinn

Die Melancholie des Barock war jedoch nicht nur eine Last. Sie war auch eine treibende Kraft hinter der Suche nach Sinn. In einer Welt, die von Unsicherheit und Überfluss geprägt war, versuchten viele Menschen, ihre Langeweile und ihre Melancholie durch Spiritualität oder Kreativität zu überwinden.

Die Mystik erlebte im Barock eine Blütezeit, da sie den Menschen einen Weg bot, die Leere der Welt hinter sich zu lassen und eine tiefere Verbindung zu Gott zu suchen. Gleichzeitig wurde die Kunst zu einem Mittel, um die innere Leere zu füllen. Die Kompositionen von Johann Sebastian Bach, die Dramen von Calderón de la Barca und die Gemälde von Rembrandt zeigen, wie die Melancholie des Barock in tiefe und bedeutungsvolle Werke verwandelt wurde.

Das Erbe der barocken Langeweile

Die Langeweile der Fülle, die das Barock prägte, war ein Vorläufer moderner Formen der Langeweile. Sie zeigte, dass Langeweile nicht nur aus dem Mangel an Beschäftigung entstehen kann, sondern auch aus einem Überfluss an Möglichkeiten. Sie machte deutlich, dass die Frage nach dem Sinn nicht durch Reichtum oder Vergnügen beantwortet werden kann, sondern durch die Auseinandersetzung mit der eigenen Vergänglichkeit und der Suche nach etwas, das über das Irdische hinausgeht.

Die Melancholie des Barock ist ein Spiegel der menschlichen Existenz: ein Zustand, der uns an unsere Grenzen erinnert, aber auch die Tür zu tieferem Verständnis und Kreativität öffnet. In diesem Spannungsfeld zwischen Überfluss und Leere liegt eine Erfahrung, die bis heute nachhallt – die Erfahrung der Langeweile als Ausdruck des tiefen menschlichen Sehnens nach Sinn.

Aufklärung und Rationalisierung:

Langeweile als Gesellschaftsproblem

Die wachsende Bedeutung von Struktur, Arbeit und Fortschritt als Gegenmittel zur Langeweile

Mit der Aufklärung trat die westliche Welt in eine neue Phase des Denkens und Handelns ein. Die Epoche des 17. und 18. Jahrhunderts war geprägt von einem fundamentalen Wandel in der Art, wie die Menschheit sich selbst, die Gesellschaft und die Welt wahrnahm. Vernunft und Wissenschaft wurden zu den Leitsternen einer Epoche, die sich von alten religiösen Dogmen und barocken Überwältigungsstrategien abwandte. Der Mensch wurde nicht mehr als ein Untertan göttlicher Ordnung gesehen, sondern als ein selbstbestimmtes Wesen, das durch Wissen, Arbeit und Organisation sein Schicksal formen konnte.

Doch mit dieser Befreiung von metaphysischen Zwängen kam eine neue Last: die Leere, die mit dem Verlust universeller Sicherheiten einherging. In einer zunehmend rationalisierten Welt, die jede Stunde in Nutzen und Effizienz zu messen begann, wurde Langeweile zu einem gesellschaftlichen Problem – ein Zustand, der weniger als individuelle Schwäche wahrgenommen wurde, sondern als Ausdruck eines neuen, strukturellen Dilemmas: Was sollte der Mensch mit seiner neu gewonnenen Zeit und Freiheit anfangen?

Der Triumph der Vernunft und die Enge der Ordnung

Die Aufklärung, mit ihrer Betonung von Rationalität und Fortschritt, war ein leuchtendes Zeitalter, das mit dem Anspruch antrat, die Menschheit aus dem ›selbstverschuldeten Unvermögen‹ zu befreien, wie Immanuel Kant es formulierte. Vernunft wurde zum Werkzeug, um die Welt zu verstehen, zu erklären und zu beherrschen. Wissenschaft und Technologie begannen, das Leben der Menschen tiefgreifend zu verändern.

Dieser rationalistische Ansatz durchdrang auch die Gesellschaft. Arbeit, Freizeit, Bildung – alles wurde durch neue Maßstäbe von Effizienz und Zweckmäßigkeit neu bewertet. Zeit, die zuvor in festgelegten Rhythmen von Natur und Religion geflossen war, wurde zu einer Ressource, die eingeteilt, verwaltet und optimiert werden musste.

Doch in dieser rationalisierten Welt begann sich eine paradoxe Leere auszubreiten. Die Entzauberung der Welt, wie sie Max Weber später beschreiben würde, ließ wenig Raum für die existenzielle Mystik, die die Menschen zuvor durch Rituale, Kunst oder religiöse Reflexion erlebt hatten.

Langeweile und die neue Zeitökonomie

Mit der Aufklärung kam eine neue Vorstellung von Zeit auf: Sie wurde als linear, messbar und vor allem als wertvoll angesehen. Zeitverschwendung galt als moralisches Versagen. Die

Arbeitsethik der Epoche verlangte, jede Stunde in produktiven Nutzen zu überführen.

Doch gerade diese neue Zeitökonomie schuf eine subtile Form der Langeweile. Wenn Zeit ausschließlich in Nutzen und Effizienz gemessen wird, verliert sie ihren Charakter als sinnlicher oder erlebter Moment. Ein leerer Moment, der nicht unmittelbar mit Arbeit, Lernen oder Fortschritt verbunden war, wurde nun als Problem betrachtet – eine Verschwendung von Ressourcen.

In den Schriften aufklärerischer Denker wie Montesquieu oder Voltaire schimmerte gelegentlich die Frage durch, ob dieser strikte Fokus auf Rationalisierung nicht eine neue Art von Leere schuf. Voltaire selbst karikierte in seiner Novelle Candide die Sinnlosigkeit des ständigen Strebens nach Optimierung und Fortschritt.

Langeweile als Bürde der Freiheit

In der Aufklärung wurde die Idee der Freiheit neu definiert: nicht mehr als bloße Abwesenheit von Zwang, sondern als die Fähigkeit des Menschen, sich selbst zu verwirklichen. Doch mit dieser neuen Freiheit kam auch die Verantwortung, sie zu gestalten.

Jean-Jacques Rousseau, einer der großen Denker der Epoche, erkannte, dass diese Freiheit den Menschen auch überfordern konnte. In seiner Schrift Émile oder Über die Erziehung beschreibt Rousseau, wie die moderne Gesellschaft den Menschen von seiner ursprünglichen Einfachheit entfremdet hat. Rousseau sah in der Langeweile eine Gefahr, die aus der Diskrepanz zwischen den unendlichen Möglichkeiten und der tatsächlichen Fähigkeit des Menschen, diese zu nutzen, entsteht.

Langeweile war in dieser neuen Welt nicht nur ein individuelles Problem, sondern ein Spiegel der sozialen Ordnung. Wer nicht wusste, was er mit seiner Zeit anfangen sollte, wurde nicht nur als unproduktiv betrachtet, sondern als Symptom einer Gesellschaft, die ihre eigene Struktur infrage stellte.

Die Entstehung der Zerstreuungskultur

Die Langeweile der Aufklärung schuf die ersten Ansätze einer Zerstreuungskultur. In einer Welt, die von Rationalisierung und Arbeit geprägt war, begannen die Menschen, Räume für Entspannung und Unterhaltung zu schaffen. Cafés, Lesesalons, Theater und später die ersten öffentlichen Parks wurden zu Orten, an denen die Menschen versuchten, die Leere zu füllen, die durch die strenge Organisation ihres Alltags entstanden war.

Doch auch diese Zerstreuung war ambivalent. Sie bot zwar eine Flucht aus der Monotonie, aber keine dauerhafte Lösung. Die Zerstreuung verstärkte oft das Gefühl, dass das Leben trotz all seiner Möglichkeiten hohl und bedeutungslos sein konnte.

Eine Gesellschaft im Wandel

Die Aufklärung machte deutlich, dass Langeweile nicht nur eine Frage persönlicher Empfindung ist, sondern ein gesellschaftliches Problem, das tief in der Struktur der Zeit und Arbeit verwurzelt ist. In einer Welt, die von Vernunft und Fortschritt beherrscht wird, wird die Leere nicht als natürlicher Zustand akzeptiert, sondern als Fehler im System.

Doch diese Leere hatte auch eine produktive Seite. Sie zwang die Menschen, über ihre Beziehung zur Zeit, zur Arbeit und zur Freiheit nachzudenken. Langeweile wurde zu einem Spiegel, der die Widersprüche der aufgeklärten Gesellschaft offenlegte. Sie zeigte, dass Rationalität und Effizienz nicht ausreichten, um das menschliche Bedürfnis nach Sinn zu stillen.

In der Aufklärung begann die Langeweile, ihre moderne Form anzunehmen: als ein Zustand, der nicht nur mit Untätigkeit verbunden ist, sondern mit dem Gefühl, dass die Zeit – und das Leben – nicht ausreichend erfüllt ist. Dieses Problem, das die Menschen der Aufklärung nur erahnen konnten, sollte im Zeitalter der Industrialisierung und der Moderne noch drängender werden.

Die Aufklärung lehrte uns, dass Langeweile nicht einfach ein individuelles Problem ist, sondern eine tiefgreifende Frage der Gesellschaft und ihrer Werte. Sie machte deutlich, dass der Mensch, so sehr er auch nach Fortschritt strebt, immer wieder mit der Leere konfrontiert wird – und dass es in dieser Leere manchmal mehr zu finden gibt, als die Vernunft vermuten lässt.

Die industrielle Revolution:
Die Langeweile der Massen

Wie Arbeitsteilung und der Verlust von Eigenverantwortung Langeweile im Alltag vieler Menschen entstehen ließen

Mit der industriellen Revolution betrat die Menschheit ein neues Zeitalter, in dem Maschinen und Fabriken die Wirtschaft und das Leben grundlegend veränderten. Fortschritte in Technologie, Wissenschaft und Organisation ermöglichten eine bis dahin ungeahnte Steigerung der Produktivität. Die landwirtschaftlich geprägten Gesellschaften wandelten sich zu industriellen Zentren, in denen der Mensch zunehmend zu einem Rädchen im großen Getriebe des Fortschritts wurde.

Doch diese Transformation hatte einen hohen Preis: Während die Maschinen immer effizienter arbeiteten, wurde der Mensch in eine Rolle gedrängt, die sich durch Monotonie und Fremdbestimmung auszeichnete. Die Arbeitsteilung, die Adam Smith einst als Quelle des Wohlstands gepriesen hatte, führte in den Fabriken nicht nur zu einem Verlust an Kreativität und Sinn, sondern auch zur Entstehung einer neuen Form der Langeweile – der Langeweile der Massen.

Arbeitsteilung und das Ende des Handwerks

Vor der industriellen Revolution war Arbeit eng mit dem Begriff des Handwerks verbunden. Handwerker besaßen die Fähigkeit, ein Produkt von Anfang bis Ende eigenständig zu schaffen. Ihre Arbeit war nicht nur eine Quelle des Einkommens, sondern auch ein Ausdruck von Können, Stolz und Identität. Ein Schuhmacher, der ein Paar Schuhe fertigte, sah am Ende des Tages das Ergebnis seiner Mühe – und in diesem greifbaren Erfolg lag ein tiefer Sinn.

Die industrielle Revolution änderte dies grundlegend. Die Einführung der Arbeitsteilung, wie sie von Denkern wie Adam Smith beschrieben wurde, zerlegte den Produktionsprozess in kleine, spezialisierte Schritte. Jeder Arbeiter war nun für einen winzigen Abschnitt der Gesamtproduktion verantwortlich: ein Hebelziehen hier, ein Schraubendrehen dort.

Diese Spezialisierung erhöhte die Effizienz, aber sie beraubte den Arbeiter auch seiner Autonomie. Der Bezug zum fertigen Produkt, zum Sinn der eigenen Tätigkeit, ging verloren. Die Arbeit wurde nicht mehr als kreativer Prozess erlebt, sondern als stumpfe Wiederholung.

Der Verlust der Eigenverantwortung

Die Fabrikarbeit war nicht nur monoton, sondern auch strikt reglementiert. Während die Bauern und Handwerker vor der industriellen Revolution ihre Zeit weitgehend selbst einteilen konnten, war der Fabrikarbeiter einem starren Zeitplan unterworfen. Die Fabriksirene bestimmte den Beginn und das Ende des Arbeitstages, und jeder Moment war durch das Bedürfnis nach maximaler Produktivität durchgetaktet.

Diese Fremdbestimmung führte zu einem Gefühl der Entfremdung, das von Karl Marx als zentrales Problem der kapitalistischen Gesellschaft beschrieben wurde. Marx erkannte, dass der Arbeiter in der Fabrik von den Früchten seiner Arbeit getrennt wurde. Er war nur noch ein Werkzeug im Produktionsprozess, dessen Zweck er oft nicht einmal verstand.

Diese Entfremdung war nicht nur ein wirtschaftliches, sondern auch ein psychologisches Problem. Der Verlust der Eigenverantwortung und die Erfahrung, nichts von Bedeutung zu schaffen, führten zu einer tiefen inneren Leere. In dieser Leere, die sich im eintönigen Rhythmus der Fabrikarbeit ausbreitete, wuchs die Langeweile.

Die Langeweile der Wiederholung

Die Monotonie der Fabrikarbeit war eine völlig neue Erfahrung für die Arbeiter des 19. Jahrhunderts. Während die Arbeit auf dem Feld oder in der Werkstatt durch die Jahreszeiten, die Natur oder den kreativen Prozess strukturiert wurde, war die Arbeit in der Fabrik eine endlose Wiederholung identischer Bewegungen.

Diese Wiederholung ließ die Zeit stillzustehen scheinen. Die Minuten schienen sich in der Fabrik zu dehnen, während die Arbeiter immer wieder dieselben Handgriffe ausführten. Die

Arbeit wurde zu einer endlosen Schleife, in der der einzelne Mensch kaum mehr als ein verlängerter Arm der Maschine war.

Die Langeweile, die daraus entstand, war nicht nur eine individuelle Empfindung, sondern ein systematisches Problem. Sie war die Folge einer Produktionsweise, die den Menschen auf seine funktionalen Fähigkeiten reduzierte und seine schöpferische Kraft ignorierte.

Langeweile als gesellschaftliche Herausforderung

Die industrielle Revolution brachte nicht nur eine neue Form der Arbeit, sondern auch eine neue soziale Ordnung mit sich. Millionen von Menschen zogen in die Städte, wo sie in engen, oft unhygienischen Verhältnissen lebten. Ihr Alltag war geprägt von harter Arbeit, kurzen Ruhephasen und einem Mangel an kulturellen oder sozialen Angeboten.

In diesem Kontext wurde Langeweile zu einem Massenphänomen. Die Arbeiter fühlten sich nicht nur durch ihre Arbeit entfremdet, sondern auch durch die monotone Struktur ihres gesamten Lebens. Die Städte, die einst als Zentren von Innovation und Möglichkeiten galten, wurden für viele Menschen zu Orten der Eintönigkeit und des Stillstands.

Die Reaktion auf die Langeweile

Die Langeweile der Massen rief eine Vielzahl von Reaktionen hervor. Einige Menschen suchten Trost in Religion oder Spiritualität, während andere sich dem Alkohol oder anderen Ablenkungen zuwandten. Unterhaltung in Form von Jahrmärkten, Theatern oder später dem Kino wurde zu einem wichtigen Ventil, um der Leere des Alltags zu entfliehen.

Gleichzeitig wurde die Langeweile der Massen zu einem Thema für Intellektuelle und Künstler. Schriftsteller wie Charles Dickens oder Émile Zola beschrieben in ihren Romanen das Leben der Arbeiterklasse und die monotone Langeweile, die sie erlebte. Ihre Werke warfen ein Licht auf die Schattenseiten der industriellen Revolution und regten eine breitere Diskussion über die sozialen und psychologischen Kosten des Fortschritts an.

Die Nachwirkungen

Die Langeweile, die während der industriellen Revolution entstand, war nicht nur ein vorübergehendes Phänomen. Sie prägte das Verständnis von Arbeit, Zeit und Sinn in der modernen Gesellschaft. Die Monotonie der Fabrikarbeit und der Verlust der Eigenverantwortung schufen ein Bewusstsein für die psychologischen Aspekte der Arbeit, das bis heute in Diskussionen über Arbeitszufriedenheit und Burnout nachhallt.

Gleichzeitig führte die Langeweile der Massen zu einer neuen Wertschätzung von Kreativität, Freizeit und individueller Erfüllung. Sie zeigte, dass der Mensch mehr ist als ein Werkzeug der Produktion – und dass Langeweile nicht nur eine Bürde, sondern auch eine Aufforderung sein kann, das Leben bewusster zu gestalten.

Die industrielle Revolution hat die Welt verändert, aber sie hat auch die Erfahrung der Langeweile tiefgreifend geprägt. Sie machte deutlich, dass Fortschritt allein nicht ausreicht, um ein erfülltes Leben zu schaffen – und dass Langeweile oft der Preis ist, den wir für die Effizienz der Moderne zahlen müssen.

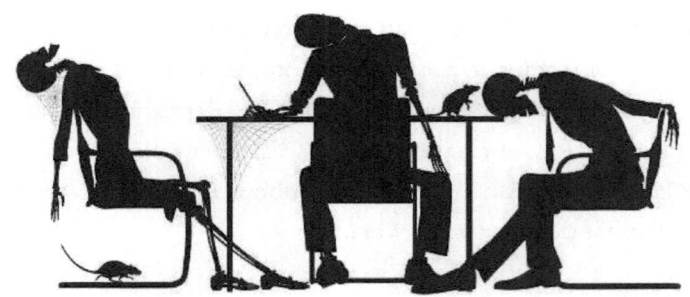

Romantik und Eskapismus:
Flucht vor der Langeweile

Die romantische Bewegung als Antwort auf die Langeweile des industrialisierten Lebens

Die Romantik, eine kulturelle und intellektuelle Bewegung, die sich Ende des 18. Jahrhunderts in Europa ausbreitete, war mehr als eine Reaktion auf die Aufklärung oder die kühlen Rationalisierungen des industrialisierten Lebens. Sie war eine Flucht – eine Flucht aus der Monotonie und der seelenlosen Effizienz der neuen Maschinenwelt. Die Romantik suchte das Mystische, das Unbekannte und das Erhabene als Gegengift zu der Langeweile, die aus der Entzauberung der Welt und der Uniformität des Fortschritts erwuchs.

Diese Bewegung war zugleich ein Protest und ein Versuch, das innere Vakuum zu füllen, das sich in einer Gesellschaft ausbreitete, die zunehmend von Logik, Arbeitsteilung und städtischem Trubel geprägt war. Die Langeweile, die sich in den Städten und Fabriken ausbreitete, fand in der Romantik eine ebenso eindringliche wie poetische Antwort: den Eskapismus.

Die Langeweile des modernen Lebens

Mit der Industrialisierung hatte sich die Welt rapide verändert. Wo zuvor das ländliche Leben durch die Rhythmen der Natur bestimmt war, herrschten nun die Takte der Maschinen und die Enge der Städte. Die Romantiker sahen in dieser neuen Welt eine Bedrohung für die Seele. Sie erkannten, dass das Streben nach Fortschritt und Produktivität die Menschen in ein Leben drängte, das zwar materiell effizienter, aber emotional und spirituell leer war.

Die Fabriken und Städte, Symbole des Fortschritts, wurden von den Romantikern als Orte der Langeweile und Entfremdung wahrgenommen. Die gleichförmige Arbeit in den Fabriken, die Enge der Mietskasernen und die Kälte des technischen Fortschritts ließen wenig Raum für Inspiration, Kreativität oder das Streben nach höheren Werten. Diese Entfremdung führte zu einer Langeweile, die nicht nur mit Monotonie, sondern auch mit einem tiefen Verlust an Bedeutung einherging.

Die Flucht in die Natur

Für die Romantiker war die Natur das große Gegenbild zur industriellen Welt. Sie sahen in ihr nicht nur eine Quelle der Schönheit, sondern auch einen Raum der Freiheit und Erhabenheit, der den Menschen mit etwas Größerem verband.

Der Dichter William Wordsworth (1770 – 1850) etwa pries die Natur als einen Ort, an dem der Mensch wieder zu sich selbst finden könne. Seine Gedichte beschreiben, wie die schlichte Begegnung mit einem Hügel, einem Bach oder einer Wiese eine spirituelle Erfahrung auslösen kann. Für Wordsworth war die Natur das Gegengift zu der Langeweile und der Entfremdung, die die industrielle Gesellschaft mit sich brachte.

Auch in der deutschen Romantik spielte die Natur eine zentrale Rolle. Friedrich Schlegel und Novalis sahen in der Natur nicht nur eine physische, sondern eine metaphysische Realität – eine Verbindung zu einem tieferen Sinn, der in der modernen Welt verloren gegangen war. Die Wälder, Berge und Flüsse wurden zu symbolischen Orten, an denen die Seele zur Ruhe kommen und Inspiration finden konnte.

Eskapismus in der Kunst

Die Romantik suchte nicht nur in der Natur, sondern auch in der Kunst einen Ausweg aus der Langeweile. Maler wie Caspar David Friedrich (1774 – 1840) schufen Werke, die eine tiefe Sehnsucht nach Transzendenz ausdrückten. Friedrichs berühmtes Gemälde *Der Wanderer über dem Nebelmeer* zeigt eine Figur, die auf einem Berg steht und in eine neblige, geheimnisvolle Landschaft blickt. Dieses Bild verkörpert den romantischen Wunsch, aus der Enge der Realität auszubrechen und das Unbekannte zu erkunden.

Die Literatur der Romantik war ähnlich von Eskapismus geprägt. Die Werke von E.T.A. Hoffmann (1776 – 1822), Mary Shelley (1797 – 1851) und Edgar Allan Poe (1809 – 1849) tauchten tief in das Unheimliche, das Übernatürliche und das Traumhafte ein. Diese Geschichten boten nicht nur Unterhaltung, sondern auch eine Flucht vor der Langeweile und den Grenzen der Alltagsrealität. Sie ermöglichten es den Lesern, in andere Welten einzutauchen und für einen Moment die Trivialität des modernen Lebens zu vergessen.

Die Suche nach dem Erhabenen

Ein zentrales Konzept der Romantik war das Erhabene – ein Gefühl, das entsteht, wenn der Mensch mit etwas konfrontiert wird, das seine Vorstellungskraft übersteigt. Das Erhabene konnte in der Natur gefunden werden, etwa in der Begegnung mit einem tosenden Wasserfall oder einem endlosen Sternenhimmel, aber auch in der Kunst oder der Philosophie.

Das Erhabene war für die Romantiker ein Weg, der Langeweile zu entkommen. Es ermöglichte ihnen, über die Grenzen des Alltags hinauszugehen und sich mit etwas zu verbinden, das größer war als sie selbst. Dieses Streben nach dem Erhabenen war nicht nur ein ästhetisches, sondern auch ein existenzielles Bedürfnis – ein Versuch, dem Leben wieder Tiefe und Bedeutung zu verleihen.

Die Ambivalenz des Eskapismus

Der Eskapismus der Romantik war jedoch nicht ohne Widersprüche. Während die Flucht in die Natur, die Kunst oder das Erhabene eine Antwort auf die Langeweile bot, war sie oft nur eine vorübergehende Lösung. Die Romantiker konnten die Realität nicht dauerhaft hinter sich lassen. Ihre Flucht vor der Langeweile war immer auch eine Konfrontation mit ihr, eine Anerkennung ihrer Macht.

In den Werken vieler Romantiker zeigt sich diese Ambivalenz. E.T.A. Hoffmanns Erzählungen etwa sind oft von einem Gefühl des Unbehagens durchzogen, das zeigt, dass der Eskapismus die Leere des modernen Lebens nicht vollständig füllen kann. Auch Caspar David Friedrichs Gemälde, so erhaben sie wirken mögen, strahlen eine leise Melancholie aus – ein Hinweis darauf, dass die Flucht vor der Langeweile nie vollständig gelingen kann.

Das Erbe der Romantik

Die Romantik war eine der ersten kulturellen Bewegungen, die die Langeweile als zentrales Thema erkannte und ihr kreativ begegnete. Sie zeigte, dass Langeweile nicht nur ein individuelles, sondern auch ein gesellschaftliches Problem ist – ein Symptom für eine Welt, die zwar materiellen Fortschritt, aber wenig spirituelle Erfüllung bietet.

Der Eskapismus der Romantik hinterließ ein bleibendes Erbe. Die Sehnsucht nach dem Mystischen, dem Unbekannten und dem Erhabenen lebt in der modernen Kultur weiter – in der Literatur, der Kunst und sogar in der Popkultur. Die Romantiker erinnerten uns daran, dass die Langeweile nicht das Ende ist, sondern ein Anfang: eine Einladung, neue Welten zu entdecken, sei es in der Natur, der Kunst oder im Inneren des eigenen Geistes.

Die Flucht vor der Langeweile war für die Romantik ein kreativer Akt – ein Akt, der zeigt, dass die Leere des modernen Lebens auch eine Quelle der Inspiration sein kann.

Philosophische Betrachtungen:
Von Schopenhauer bis Heidegger

Die tiefgründigen Einsichten bedeutender Denker zur Langeweile als existenziellem Zustand

Langeweile ist kein bloßes Gefühl. Sie ist eine der Grundbefindlichkeiten des Menschen, ein Zustand, der uns mit der Zeit, der Welt und uns selbst konfrontiert. Dass Langeweile diese existenzielle Tiefe hat, wurde von den großen Denkern der Philosophie herausgearbeitet, die in ihr nicht nur eine alltägliche Erfahrung, sondern eine Schlüsselposition im menschlichen Dasein sahen.

Arthur Schopenhauer und Martin Heidegger, die durch einen zeitlichen Abstand von fast einem Jahrhundert getrennt sind, betrachteten die Langeweile als ein Fenster, durch das wir die wahre Natur unseres Daseins erblicken können. Für beide ist Langeweile keine bloße Lücke im Zeitgeschehen, sondern ein existenzielles Phänomen, das uns zum Kern des Menschseins führt.

Schopenhauer:

Langeweile als Schatten des Lebenswillens

Arthur Schopenhauer, der große Pessimist der Philosophie, betrachtete die Langeweile als eine der schmerzlichsten Erfahrungen des Menschen – ein Zustand, der die Absurdität und Unerfüllbarkeit unseres Lebens offenbart. In seinem Hauptwerk Die Welt als Wille und Vorstellung beschreibt Schopenhauer den Menschen als Getriebenen, der vom ›Willen zum Leben‹ beherrscht wird. Dieser blinde, unstillbare Wille treibt uns dazu, immer wieder nach neuen Zielen zu streben, die, einmal erreicht, sofort an Bedeutung verlieren.

Für Schopenhauer ist Langeweile der Zustand, der entsteht, wenn der Lebenswille für einen Moment zum Stillstand kommt. Sobald die unmittelbaren Bedürfnisse gestillt sind und keine neuen Ziele am Horizont auftauchen, öffnet sich eine Leere, die uns mit der Sinnlosigkeit unseres Daseins konfrontiert.

Diese Leere ist für Schopenhauer besonders schmerzlich, weil sie uns die Illusion raubt, dass unser Streben einen tieferen Sinn hat. In der Langeweile, so argumentiert er, zeigt sich der Mensch in seiner nackten Existenz – ein Wesen, das von einem unersättlichen Drang getrieben wird, der letztlich niemals erfüllt werden kann.

Schopenhauers Sicht auf die Langeweile ist von tiefer Melancholie geprägt. Doch in dieser Dunkelheit erkennt er auch eine

Chance: Wer sich der Langeweile stellt, wer ihre Leere erträgt, kann zu einer tiefen Einsicht gelangen – zur Erkenntnis, dass das Leben nicht im ständigen Streben nach Glück besteht, sondern in der Befreiung vom Lebenswillen.

Heidegger:

Langeweile und die Zeitlichkeit des Daseins

Martin Heidegger, einer der einflussreichsten Denker des 20. Jahrhunderts, ging in seiner Analyse der Langeweile über Schopenhauer hinaus. In seinem monumentalen Werk Sein und Zeit untersucht Heidegger die Langeweile als eine Grundbefindlichkeit, die uns einen einzigartigen Zugang zur Zeit und zum Sein eröffnet.

Für Heidegger ist Langeweile nicht einfach ein Zustand der Untätigkeit oder des Desinteresses. Sie ist ein existenzielles Phänomen, das uns auf eine besondere Weise mit der Zeit in Berührung bringt. In der Langeweile dehnt sich die Zeit, sie scheint stillzustehen oder sich endlos hinzuziehen. Dieser Zustand, den wir oft als unangenehm empfinden, enthüllt für Heidegger die wahre Natur der Zeit: Sie ist nicht bloß eine Abfolge von Momenten, sondern ein offener Horizont, in dem wir unser Dasein gestalten.

Heidegger unterscheidet zwischen verschiedenen Formen der Langeweile. Besonders bedeutend ist für ihn die ›tiefe Langeweile‹, ein Zustand, der uns völlig von der Welt entfremdet. In dieser tiefen Langeweile, so Heidegger, verlieren alle Dinge ihre

Bedeutung, und wir werden auf uns selbst zurückgeworfen. Doch gerade in dieser Leere liegt eine Möglichkeit zur Selbstfindung: Wer sich der tiefen Langeweile aussetzt, kann zu einer authentischen Beziehung zu sich selbst und zur Welt gelangen.

Heidegger sieht in der Langeweile also nicht nur eine Bürde, sondern auch eine Chance. Sie zwingt uns, unser Leben in seiner Zeitlichkeit zu betrachten und uns mit der Frage auseinanderzusetzen, wie wir unsere begrenzte Zeit nutzen wollen.

Die Verbindung zwischen Schopenhauer und Heidegger

Obwohl Schopenhauer und Heidegger unterschiedliche philosophische Ansätze verfolgen, gibt es zwischen ihren Betrachtungen zur Langeweile bemerkenswerte Parallelen. Beide sehen in der Langeweile nicht nur eine negative Erfahrung, sondern einen Zustand, der uns die Tiefe und Fragilität unseres Daseins offenbart.

Für Schopenhauer ist Langeweile der Schatten des Lebenswillens, ein schmerzhafter, aber unvermeidlicher Teil unseres Daseins. Heidegger hingegen betrachtet die Langeweile als eine Möglichkeit zur Selbstbesinnung, ein Zustand, der uns die Freiheit eröffnet, unser Leben bewusst zu gestalten.

Diese unterschiedlichen Perspektiven ergänzen sich: Während Schopenhauer die Langeweile als Symptom der Sinnlosigkeit beschreibt, sieht Heidegger in ihr eine Tür zur Sinnfindung.

Die Existenz als offenes Geheimnis

Die philosophischen Betrachtungen von Schopenhauer und Heidegger zeigen, dass Langeweile weit mehr ist als eine bloße Unannehmlichkeit. Sie ist ein existenzieller Zustand, der uns mit den grundlegenden Fragen unseres Daseins konfrontiert: Warum sind wir hier? Was sollen wir mit unserer Zeit anfangen? Und wie können wir in einer Welt, die oft leer und bedeutungslos erscheint, einen Sinn finden?

Schopenhauer und Heidegger haben keine einfachen Antworten auf diese Fragen. Doch ihre Einsichten laden uns ein, die Langeweile nicht zu fürchten, sondern als Teil unserer menschlichen Existenz zu akzeptieren – und vielleicht sogar als Chance, uns selbst und die Welt in einem neuen Licht zu sehen.

Die Langeweile mag uns in die Leere stürzen, aber sie ist auch ein Sprungbrett zu einem tieferen Verständnis unseres Daseins. Sie zeigt uns, dass das Leben, so flüchtig und widersprüchlich es sein mag, ein Geheimnis birgt, das es zu erforschen lohnt.

Das 20. Jahrhundert:

Unterhaltung und Ablenkung

Die Geburt der Zerstreuungskultur und die Kommerzialisierung der Langeweile

Das 20. Jahrhundert war ein Zeitalter des Wandels, ein Jahrhundert, in dem technologische, gesellschaftliche und kulturelle Revolutionen die Welt veränderten. Gleichzeitig war es die Geburtsstunde einer neuen Dimension der Langeweile – und einer Industrie, die sich zu ihrem erklärten Ziel machte, diese Langeweile zu bekämpfen: die Zerstreuungskultur.

Zum ersten Mal in der Geschichte wurde Langeweile nicht nur als persönliches Gefühl wahrgenommen, sondern als ein Problem, das kollektiv gelöst werden musste. Die fortschreitende Mechanisierung, die Verkürzung der Arbeitszeit und die steigende Kaufkraft der Massen schufen ein Paradox: Immer mehr Menschen hatten freie Zeit, die sie nicht sinnvoll zu füllen wussten. Diese Leerstelle wurde zur Grundlage einer neuen Kulturindustrie, die aus Langeweile nicht nur eine Herausforderung, sondern eine profitable Ressource machte.

Die Moderne und das Paradox der freien Zeit

Die Industrialisierung des 19. Jahrhunderts hatte die Zeitökonomie grundlegend verändert. Wo Arbeit früher unstrukturiert und eng mit den Rhythmen der Natur verbunden war, wurde sie nun systematisch durchgetaktet. Mit der Erfindung des Fließbands und der Einführung standardisierter Arbeitszeiten entstanden geregelte Schichten und feste Pausen. Doch mit den sozialen Fortschritten, die das 20. Jahrhundert brachte – wie dem Acht-Stunden-Tag und dem bezahlten Urlaub –, begann eine neue Herausforderung: Die Menschen hatten mehr freie Zeit, doch wussten oft nicht, wie sie diese nutzen sollten.

Freizeit, die früher ein Privileg der Oberschicht war, wurde nun zu einer Massenerscheinung. Doch was tun mit dieser freien Zeit? Sie war nicht mehr selbstverständlich mit der Familie, religiösen Ritualen oder handwerklichen Hobbys gefüllt. Die Langeweile, die aus dieser neu gewonnenen Zeit entstand, wurde zu einem Problem – nicht nur für die Einzelnen, sondern auch für die Wirtschaft, die erkannte, dass in der Freizeit ein unerschlossenes Marktpotenzial lag.

Die Geburt der Zerstreuungskultur

In den frühen Jahrzehnten des 20. Jahrhunderts begann die Unterhaltungsindustrie, diese Marktlücke zu füllen. Radio, Kino und später das Fernsehen wurden nicht nur zu technischen Errungenschaften, sondern auch zu Instrumenten, die der Langeweile der Massen begegneten.

Das Kino, das zunächst als Jahrmarktattraktion begann, wurde schnell zu einem zentralen Bestandteil der Freizeitkultur. Filme boten eine Flucht aus dem Alltag, ein Eintauchen in Welten, die spannender, romantischer oder abenteuerlicher waren als die Realität. Charlie Chaplins Moderne Zeiten spiegelte diese Dynamik wider: Der Film zeigt einen Arbeiter, der im Takt des Fließbands seine Individualität verliert, aber in der Zerstreuung Momente von Freiheit und Fantasie findet.

Auch das Radio wurde zu einem mächtigen Werkzeug gegen die Langeweile. Es brachte Musik, Geschichten und Nachrichten direkt in die Wohnzimmer und füllte die stillen Stunden des Tages mit Unterhaltung. Später sollte das Fernsehen diese Entwicklung noch verstärken, indem es einen konstanten Strom an Bildern und Informationen lieferte, der die Zuschauer von der Leere des Augenblicks ablenkte.

Konsum als Ablenkung

Die Zerstreuungskultur des 20. Jahrhunderts ging Hand in Hand mit der Entstehung der Konsumgesellschaft. Werbung und Marketing erkannten früh, dass Langeweile ein mächtiger Antrieb für den Kauf von Produkten sein konnte. Die Idee, dass man sich selbst durch den Erwerb von Dingen unterhalten, verbessern oder erfreuen konnte, wurde zur zentralen Botschaft der Konsumkultur.

Produkte wurden nicht nur verkauft, um Bedürfnisse zu erfüllen, sondern um neue Bedürfnisse zu schaffen – vor allem das Bedürfnis nach Ablenkung. Das Aufkommen von Shopping-Malls und Freizeitparks war eine direkte Antwort auf die Langeweile der Massen. Diese Orte wurden zu Tempeln der Zerstreuung, in denen der Konsum zum Erlebnis stilisiert wurde.

Die Langeweile im Wohnzimmer:

Fernsehen und der Alltag

Mit dem Aufstieg des Fernsehens in der Mitte des Jahrhunderts erreichte die Zerstreuungskultur einen neuen Höhepunkt. Das Fernsehen wurde zum zentralen Medium der Freizeitgestaltung, das nicht nur Unterhaltung bot, sondern auch eine ständige Präsenz im Alltag wurde. Es war immer verfügbar, immer bereit, die Stille zu füllen und die Leere zu übertönen.

Doch gerade diese ständige Verfügbarkeit führte zu einer neuen Form der Langeweile – der Langeweile durch Überfluss. Der Soziologe Erich Fromm kritisierte diese Entwicklung scharf: Das Fernsehen, so argumentierte er, biete zwar Unterhaltung, aber keine echte Erfüllung. Es lullte die Menschen in eine passive Haltung, die sie von ihrer eigenen Kreativität und ihrem Potenzial entfremdete.

Die Kommerzialisierung der Langeweile

Die Unterhaltungsindustrie erkannte, dass Langeweile nicht nur ein Problem war, das gelöst werden musste, sondern auch eine Ressource, die ausgebeutet werden konnte. Je mehr Langeweile die Menschen empfanden, desto größer war ihre Bereitschaft, für Zerstreuung zu zahlen.

Die Werbewirtschaft baute gezielt auf dieses Prinzip. Sie schuf den Eindruck, dass Langeweile ein Makel sei, ein Zustand, der durch den Kauf eines Produkts, den Besuch eines Films oder die Nutzung eines Dienstes überwunden werden könne. Produkte wurden nicht mehr nur als nützlich, sondern als notwendig für das persönliche Glück beworben.

Die Schattenseiten der Zerstreuungskultur

Doch während die Zerstreuungskultur dazu beitrug, die Langeweile zu bekämpfen, schuf sie auch neue Formen davon. Die ständige Verfügbarkeit von Unterhaltung führte dazu, dass viele Menschen ihre Fähigkeit verloren, mit Leere und Stille umzugehen. Die Langeweile, die einst als Anstoß für Kreativität und Selbstreflexion diente, wurde durch eine oberflächliche, kurzlebige Ablenkung ersetzt.

In dieser Entwicklung lag ein tiefes Paradox: Je mehr die Kulturindustrie versuchte, die Langeweile zu eliminieren, desto mehr machte sie sie zu einem festen Bestandteil des modernen Lebens. Die Zerstreuung wurde nicht zur Lösung, sondern zu einem Teil des Problems.

Ein Vermächtnis der Ablenkung

Das 20. Jahrhundert brachte die Zerstreuungskultur hervor, die bis heute das Leben vieler Menschen prägt. Es zeigte, wie Langeweile nicht nur ein persönliches, sondern auch ein kulturelles und wirtschaftliches Phänomen ist. Die Kommerzialisierung der Langeweile machte sie allgegenwärtig – und eröffnete zugleich die Frage, ob Zerstreuung allein wirklich ausreicht, um dem Leben Bedeutung zu verleihen.

In der Auseinandersetzung mit der Langeweile des 20. Jahrhunderts zeigt sich, dass sie mehr ist als ein bloßer Mangel an Beschäftigung. Sie ist ein Spiegel unserer Zeit, eine Herausforderung und eine Chance, über die Frage nachzudenken, was ein erfülltes Leben wirklich ausmacht.

Technologie und Langeweile:
Vom Radio zur Digitalisierung

Wie technologische Entwicklungen sowohl Langeweile bekämpften als auch neue Formen davon schufen

Die technologische Entwicklung des 20. und frühen 21. Jahrhunderts hat das Leben der Menschen in nahezu allen Bereichen transformiert. Maschinen und Elektronik vereinfachten die Arbeit, Kommunikation wurde beschleunigt, und Informationen wurden immer verfügbarer. Doch eine der überraschendsten Auswirkungen dieser Entwicklung war ihr ambivalentes Verhältnis zur Langeweile. Technologie versprach, Langeweile zu bekämpfen, sie zu besiegen, sie zu eliminieren. Zugleich aber schuf sie neue Formen davon – subtil, vielfältig und oft unbemerkbar.

Von den ersten Radiowellen bis zur allgegenwärtigen Vernetzung der digitalen Welt hat die Technologie nicht nur die Art und Weise verändert, wie wir unsere Zeit verbringen, sondern auch unser Verhältnis zur Zeit selbst. Die Langeweile, einst ein intimer Zustand, in dem man mit sich selbst allein war, wurde zunehmend zu einem Problem, das Technologie scheinbar lösen wollte. Doch je mehr sie versprach, uns davon zu befreien, desto mehr drängte sie uns in neue Abhängigkeiten und subtile Formen der Leere.

Das Radio:

Die erste große Zerstreuungsmaschine

Die Einführung des Radios in den 1920er-Jahren markierte eine Revolution in der Freizeitgestaltung. Zum ersten Mal konnten Menschen Musik, Nachrichten und Unterhaltung direkt in ihren Wohnzimmern empfangen. Das Radio wurde zur ›Stimme der Moderne‹, die jede Stille durchbrach und die Langeweile zu verdrängen schien.

In einer Welt, die zuvor oft von Momenten der Ruhe geprägt war, füllte das Radio diese Lücken mit Klang. Die Abende, die zuvor durch Gespräche, Lesen oder Nachdenken gestaltet wurden, verwandelten sich in gemeinsame Hörstunden. Das Radio bot nicht nur Zerstreuung, sondern auch eine Verbindung zur Welt. Doch genau in dieser Verbindung lag ein erster Hinweis auf die neue Art der Langeweile, die Technologie schaffen würde: eine Langeweile, die aus passiver Konsumtion entstand.

Der Soziologe Theodor W. Adorno kritisierte diese Entwicklung scharf. Für ihn war das Radio kein Instrument der Befreiung, sondern der Gleichschaltung. Es bot keine echte Auseinandersetzung, sondern oberflächliche Unterhaltung, die die Menschen in eine passive Haltung drängte. Diese Passivität wurde später zur Grundlage einer neuen, technologisch geprägten Form der Langeweile.

Das Fernsehen:

Der endlose Fluss von Bildern

Mit dem Fernsehen erreichte die Technologie der Zerstreuung eine neue Dimension. In den 1950er- und 1960er-Jahren wurde das Fernsehen zum dominierenden Medium, das den Alltag der Menschen prägte. Es war immer da, immer bereit, die Zeit zu füllen und die Langeweile zu vertreiben. Doch während es versuchte, diese zu eliminieren, schuf es paradoxerweise neue Formen davon.

Das Fernsehen bot einen endlosen Strom von Bildern und Geschichten, die den Zuschauer fesselten, aber selten wirklich erfüllten. Die berühmte Redewendung ›Zappen‹ wurde zum Symbol für eine neue Art der Langeweile: die Langeweile des Überflusses. Der Zuschauer hatte Zugang zu unzähligen Programmen, doch genau dieser Überfluss machte es schwer, etwas zu finden, das wirklich befriedigte.

Marshall McLuhan (1911 – 1980), ein einflussreicher Medientheoretiker, bezeichnete das Fernsehen als ›heißes Medium‹, das die Sinne intensiv beschäftigte, aber selten zur Reflexion einlud. Es war ein Medium, das die Leere füllte, aber selten Sinn schuf.

Das digitale Zeitalter:

Die Illusion der endlosen Möglichkeiten

Mit der Digitalisierung begann eine neue Ära der Technologie, die das Verhältnis zur Langeweile radikal veränderte. Das Internet, die sozialen Medien und Smartphones machten Unterhaltung und Information jederzeit und überall verfügbar. Langeweile schien endgültig aus unserem Leben verbannt zu sein.

Doch gerade diese ständige Verfügbarkeit schuf eine neue Form der Leere. Die sozialen Medien, mit ihrem endlosen Strom aus Bildern, Nachrichten und Kommentaren, boten Ablenkung, aber oft keine echte Erfüllung. Die Nutzer scrollten durch ihre Feeds, in der Hoffnung, etwas zu finden, das sie wirklich fesselte – doch je mehr sie scrollten, desto leerer fühlten sie sich oft.

Die Psychologin Sherry Turkle beschreibt in ihrem Buch ›Alone Together‹ (ISBN: 978-0465093656), wie die Technologie uns gleichzeitig verbindet und isoliert. Die ständige Nutzung von Smartphones und sozialen Medien führte dazu, dass die Menschen immer weniger Zeit mit sich selbst verbrachten. Langeweile, einst ein Zustand, in dem man sich mit sich selbst auseinandersetzte, wurde nun mit Ablenkung überlagert. Doch diese Ablenkung war oft oberflächlich und verstärkte die innere Leere.

Die Widersinnigkeit der technologischen Langeweile

Die technologische Entwicklung des 20. und 21. Jahrhunderts hat Langeweile nicht verschwinden lassen, sondern sie transformiert. Sie hat sie von einem Zustand der Reflexion zu einem Zustand des Überflusses gemacht, von einem Problem der Leere zu einem Problem der Fülle.

Doch diese Transformation ist nicht nur negativ. Technologie hat auch neue Möglichkeiten geschaffen, mit Langeweile umzugehen. Videospiele, Streaming-Dienste und Online-Communities bieten Räume, in denen Menschen kreativ sein, sich ausdrücken oder mit anderen verbinden können. Die Technologie hat die Langeweile nicht nur kommerzialisiert, sondern auch demokratisiert – sie hat den Menschen die Macht gegeben, ihre eigene Unterhaltung zu schaffen.

Die Zukunft der Langeweile in der digitalen Welt

Die Frage bleibt: Wird die Technologie die Langeweile jemals endgültig besiegen können? Oder ist sie ein unvermeidbarer Teil der menschlichen Existenz, der sich jeder technischen Lösung entzieht?

Die digitale Welt zeigt, dass Langeweile nicht nur ein Problem des Mangels ist, sondern auch ein Problem der Übersättigung. Sie erinnert uns daran, dass Technologie zwar die Zeit füllen kann, aber nicht unbedingt Sinn schafft.

Vielleicht liegt die Lösung nicht darin, die Langeweile zu eliminieren, sondern darin, sie zu akzeptieren – als einen Zustand, der uns die Möglichkeit gibt, innezuhalten, uns selbst zu begegnen und neue Wege zu finden, unsere Zeit zu gestalten. Denn am Ende, so zeigt die Geschichte der Technologie, ist Langeweile nicht nur ein Problem, sondern auch eine Chance: eine Einladung, die Grenzen des Alltags zu überschreiten und neue Welten zu entdecken – ob in uns selbst oder in der Technologie, die wir geschaffen haben.

Freizeitgesellschaft: Die Langeweile in der Fülle von Optionen

Die paradoxen Effekte einer Welt, die scheinbar unendliche Möglichkeiten der Beschäftigung bietet

Die moderne Freizeitgesellschaft ist ein Kind des Fortschritts. Während das Leben früherer Generationen von harter Arbeit, existenziellen Sorgen und begrenzten Möglichkeiten geprägt war, hat die heutige Welt scheinbar unendlich viele Wege eröffnet, die eigene Zeit zu gestalten. Ob Reisen, Sport, Kultur, digitale Unterhaltung oder Shopping – die Optionen sind so zahlreich, dass sie oft überwältigend wirken.

Doch dieses Übermaß an Möglichkeiten birgt ein Paradox: Anstatt die Langeweile zu besiegen, scheint es, als habe die Fülle sie auf eine neue, tiefgreifende Weise verstärkt. Die Freizeitgesellschaft, so sehr sie Freiheit und Genuss verspricht, konfrontiert uns mit einem Zustand, in dem die Überfülle von Wahlmöglichkeiten selbst zu einer Quelle von Unzufriedenheit und Leere wird.

Von der Arbeit zur Freizeit:

Ein Paradigmenwechsel

Die Idee der Freizeitgesellschaft entstand im Zuge des technologischen Fortschritts und der Verkürzung der Arbeitszeiten.

Die Industrialisierung hatte zunächst die Arbeit rationalisiert und durch Maschinen effizienter gemacht. Später, im 20. Jahrhundert, wurden die Rechte der Arbeiter verbessert: der Acht-Stunden-Tag, das Wochenende und der bezahlte Urlaub schufen Zeiträume, die nicht mehr durch Arbeit, sondern durch persönliche Entscheidungen gefüllt werden konnten.

Freizeit wurde zur ›freien Zeit‹ – ein Raum, den jeder nach seinen eigenen Wünschen gestalten sollte. Doch diese Freiheit brachte eine neue Verantwortung mit sich: die Verantwortung, diese Zeit sinnvoll zu nutzen. Diese Herausforderung ist nicht immer leicht zu bewältigen. Die Fülle an Optionen, die mit der Freizeitgesellschaft einhergeht, macht es nicht einfacher, sondern oft schwieriger, Entscheidungen zu treffen.

Die Qual der Wahl

Der Soziologe Zygmunt Bauman (1925 – 2017) beschreibt die moderne Gesellschaft als ›flüssig‹ – eine Welt, in der alles möglich, aber nichts dauerhaft ist. Diese Fluidität zeigt sich besonders deutlich in der Freizeit. Die Vielfalt der Optionen, die uns zur Verfügung steht, erfordert ständige Entscheidungen: Soll ich ins Kino gehen oder Netflix schauen? Soll ich reisen oder zu Hause bleiben? Soll ich ein Hobby beginnen oder mich einfach entspannen?

Die scheinbare Freiheit, aus unzähligen Möglichkeiten zu wählen, kann schnell überwältigend werden. Anstatt die Freizeit zu genießen, fühlen sich viele Menschen von der Last der Entscheidung erdrückt. Die Angst, etwas zu verpassen – das sogenannte FOMO (**F**ear of **M**issing **O**ut) – führt dazu, dass die Zeit nicht als befreiend, sondern als belastend empfunden wird.

Paradoxerweise entsteht Langeweile nicht aus einem Mangel an Optionen, sondern aus der Überfülle. Der Mensch fühlt sich unfähig, die richtige Wahl zu treffen, und versinkt in einer Art Lähmung.

Digitale Ablenkung:

Eine Flucht vor der Leere

Die digitale Revolution hat die Freizeitgesellschaft radikal verändert. Smartphones, soziale Medien und Streaming-Dienste haben die Freizeit mit einer ständigen Flut von Ablenkungen gefüllt. Es gibt keine Momente mehr, in denen nichts passiert – keine Wartezeiten, keine stillen Stunden, keine Pausen.

Doch diese ständige Verfügbarkeit von Unterhaltung hat einen Preis. Die fragmentierte Aufmerksamkeit, die durch die Nutzung digitaler Medien entsteht, macht es schwer, sich wirklich in eine Tätigkeit zu vertiefen. Viele Menschen springen von einer Ablenkung zur nächsten, ohne jemals das Gefühl zu haben, wirklich erfüllt zu sein.

Die Langeweile, die aus dieser Oberflächlichkeit entsteht, ist schwer zu greifen. Sie ist keine Leere, sondern eine Überfüllung

– eine Langeweile, die aus dem Gefühl resultiert, dass alles verfügbar ist, aber nichts wirklich Bedeutung hat.

Freizeit als Statussymbol

In der Freizeitgesellschaft hat die Nutzung von freier Zeit eine soziale Komponente. Freizeit ist nicht nur eine individuelle Erfahrung, sondern auch ein Statussymbol. Die Frage, wie man seine Freizeit gestaltet, wird zu einem Maßstab für Erfolg und Lebensqualität.

Reisen, exklusive Hobbys und kulturelle Aktivitäten werden oft zur Schau gestellt – sei es im direkten sozialen Umfeld oder in den sozialen Medien. Diese Inszenierung der Freizeit kann zu einem Gefühl von Unzulänglichkeit führen. Wer das Gefühl hat, dass seine Freizeit im Vergleich zu anderen ›langweilig‹ ist, empfindet einen sozialen Druck, seine Zeit ›sinnvoller‹ zu nutzen.

Diese Dynamik verstärkt das Paradox der Freizeitgesellschaft: Anstatt Freiheit und Entspannung zu bieten, erzeugt die Freizeit neue Zwänge und neue Formen der Langeweile.

Die Langeweile als Chance

Doch trotz all ihrer Widersprüche birgt die Langeweile in der Freizeitgesellschaft auch eine Chance. In einer Welt, die von Ablenkung und Überangebot geprägt ist, kann Langeweile ein Moment der Reflexion und der Neuorientierung sein.

Philosophen wie Søren Kierkegaard (1813 – 1855) oder Martin Heidegger (1889 – 1976) haben darauf hingewiesen, dass Langeweile uns mit uns selbst konfrontiert. Sie zwingt uns, innezuhalten und über die Frage nachzudenken, was uns wirklich wichtig ist. In der Freizeitgesellschaft, die oft von Oberflächlichkeit und Hektik geprägt ist, könnte Langeweile eine Möglichkeit sein, wieder einen tieferen Sinn zu finden.

Ein Dilemma ohne einfache Lösung

Die Freizeitgesellschaft hat uns scheinbar unendliche Möglichkeiten eröffnet, unsere Zeit zu gestalten. Doch sie hat auch gezeigt, dass die Fülle von Optionen nicht zwangsläufig zu mehr Zufriedenheit führt. Die Langeweile, die aus dieser Fülle entsteht, ist kein einfaches Problem, das gelöst werden kann. Sie ist ein Ausdruck der menschlichen Existenz in einer Welt, die zwar alles bietet, aber oft keinen Sinn.

Die Frage, wie wir mit der Langeweile in der Freizeitgesellschaft umgehen, bleibt eine der zentralen Herausforderungen unserer Zeit. Vielleicht liegt die Antwort nicht darin, immer mehr Optionen zu schaffen, sondern darin, den Wert von Stille, Einfachheit und tiefer Reflexion neu zu entdecken – nicht als Flucht vor der Langeweile, sondern als bewusste Auseinandersetzung mit ihr.

Die Psychologie der Langeweile:

Ursachen und Mechanismen

Warum Menschen Langeweile empfinden und wie sie sich auf Körper und Geist auswirkt

Langeweile ist eines der universellsten Gefühle – eine Erfahrung, die fast jeder kennt, aber kaum jemand wirklich versteht. Sie tritt scheinbar aus dem Nichts auf, setzt sich im Geist fest und hinterlässt ein Gefühl der inneren Unruhe, das schwer zu greifen ist. Doch Langeweile ist mehr als ein bloßes Stimmungstief oder eine vorübergehende Leere. Sie ist ein psychologisches Phänomen mit tiefen Wurzeln, das eng mit der Funktionsweise unseres Gehirns, unserer Wahrnehmung und unseren Bedürfnissen verbunden ist.

Dieses Kapitel taucht ein in die Mechanismen der Langeweile und fragt, warum Menschen überhaupt Langeweile empfinden und welche Auswirkungen dieses Gefühl auf Körper und Geist hat.

Was ist Langeweile?

Langeweile entsteht, wenn wir eine Diskrepanz zwischen unserer inneren Erregung und der äußeren Situation erleben. Psychologen definieren sie als Zustand, in dem der Mensch einen Mangel an Sinn, Stimulation oder Herausforderung verspürt. Mit anderen Worten: Wir fühlen uns gelangweilt, wenn unsere Umgebung unsere Aufmerksamkeit nicht fesseln kann oder wir keine Verbindung zwischen dem, was wir tun, und dem, was wir erreichen wollen, erkennen.

Doch Langeweile ist nicht nur ein Zustand der Untätigkeit. Tatsächlich können wir uns sogar dann langweilen, wenn wir beschäftigt sind – etwa bei einer Arbeit, die uns keinen Spaß macht, oder in Gesprächen, die uns nicht interessieren. Das Entscheidende ist das Gefühl der Bedeutungslosigkeit und der fehlenden Erfüllung.

Die Ursachen der Langeweile

Die Langeweile hat viele Gesichter und ebenso viele Auslöser. Einer der häufigsten ist der Mangel an Neuheit. Das menschliche Gehirn ist darauf programmiert, nach Stimulation und neuen Reizen zu suchen. Wenn wir in einer Umgebung gefangen sind, die keine neuen Eindrücke oder Herausforderungen bietet, beginnen wir uns zu langweilen.

Doch Langeweile kann auch aus einer Überstimulation resultieren. In einer Welt, die von Informationen, Ablenkungen und unzähligen Optionen überflutet ist, kann es schwerfallen, sich auf eine Sache zu konzentrieren. Dieses Überangebot kann paradoxerweise dazu führen, dass wir das Interesse verlieren und uns gelangweilt fühlen.

Ein weiterer wichtiger Faktor ist die persönliche Einstellung zur Zeit. Menschen, die sich ihrer Endlichkeit bewusst sind oder einen starken Sinn für Zielstrebigkeit haben, neigen dazu, sich schneller zu langweilen. Für sie ist jede ungenutzte Minute eine verlorene Chance – ein Gedanke, der die Langeweile noch verstärken kann.

Langeweile im Gehirn

Auf neurologischer Ebene spielt Langeweile eine komplexe Rolle. Sie ist eng mit dem Belohnungssystem des Gehirns verbunden. Dieses System, das durch den Neurotransmitter Dopamin gesteuert wird, reagiert auf Stimulation und Belohnung. Wenn das Belohnungssystem nicht genügend Anreize erhält, kann dies zu einem Zustand der Unterstimulation führen, der als Langeweile empfunden wird.

Interessanterweise sind dieselben Schaltkreise im Gehirn, die Langeweile hervorrufen, auch an Kreativität beteiligt. In Momenten der Langeweile beginnt das Gehirn oft, nach neuen Wegen zu suchen, um sich selbst zu stimulieren. Dieser Prozess kann dazu führen, dass wir neue Ideen entwickeln oder ungewöhnliche Lösungen für Probleme finden.

Doch Langeweile kann auch eine Schattenseite haben. Studien zeigen, dass chronische Langeweile mit einer erhöhten Aktivität in Gehirnregionen verbunden ist, die mit Grübeln und Selbstkritik assoziiert werden. Diese Art der Langeweile kann das Risiko für Depressionen und Angstzustände erhöhen.

Die Auswirkungen auf Körper und Geist

Langeweile wirkt sich nicht nur auf die Psyche aus, sondern auch auf den Körper. Sie kann Gefühle von Erschöpfung, Antriebslosigkeit und sogar körperlichem Unwohlsein hervorrufen. Das Herz schlägt langsamer, die Atmung wird flacher, und der gesamte Körper scheint in einen Zustand der Lethargie zu verfallen.

Gleichzeitig kann Langeweile auch eine Form von Stress auslösen. Der Wunsch, dem langweiligen Zustand zu entkommen, aktiviert das sympathische Nervensystem, das den Körper auf Kampf oder Flucht vorbereitet. In solchen Momenten fühlen wir uns nervös, unruhig oder sogar gereizt.

Langfristig kann chronische Langeweile ernsthafte Konsequenzen haben. Sie wurde mit einer Vielzahl von Verhaltensweisen in Verbindung gebracht, die als Bewältigungsstrategien dienen, wie etwa übermäßiges Essen, Alkoholkonsum oder riskantes Verhalten. Diese Strategien bieten zwar kurzfristige Ablenkung, verstärken jedoch oft die negativen Auswirkungen der Langeweile auf Körper und Geist.

Die paradoxe Funktion der Langeweile

Trotz ihrer negativen Auswirkungen hat Langeweile auch eine wichtige Funktion. Sie signalisiert, dass wir in einer Situation feststecken, die uns nicht genug Sinn oder Stimulation bietet. In gewisser Weise ist Langeweile ein evolutionäres Warnsystem, das uns dazu anspornt, Veränderungen vorzunehmen oder nach neuen Herausforderungen zu suchen.

Kreative Menschen berichten oft, dass ihre besten Ideen in Momenten der Langeweile entstanden sind. Wenn das Gehirn nicht durch äußere Reize beschäftigt ist, beginnt es, sich mit sich selbst zu beschäftigen. Dieser Zustand, den Neurowissenschaftler als ›default mode network‹ bezeichnen, fördert Tagträume, kreative Gedanken und Selbstreflexion.

Doch um diese positiven Aspekte der Langeweile zu nutzen, müssen wir lernen, sie auszuhalten. In einer Welt, die uns ständig Ablenkung bietet, ist es oft schwierig, den Zustand der Langeweile zu akzeptieren, ohne sofort nach einer Möglichkeit zu suchen, ihn zu überdecken.

Der Umgang mit Langeweile

Langeweile ist kein Feind, den es zu besiegen gilt, sondern eine Einladung, innezuhalten und sich mit sich selbst auseinanderzusetzen. Sie kann eine Gelegenheit sein, unsere Prioritäten zu überdenken, neue Interessen zu entdecken oder einfach die Stille zu genießen.

Die Psychologie zeigt, dass der Schlüssel im bewussten Umgang mit Langeweile liegt. Anstatt sie als Belastung zu empfinden, können wir sie als Chance begreifen, uns selbst besser kennenzulernen. Denn in der Leere der Langeweile liegt oft der Beginn von etwas Neuem – einer Idee, einer Erkenntnis oder einer Veränderung, die unser Leben bereichern kann.

Dieses Kapitel zeigt, dass Langeweile keine Schwäche ist, sondern ein unvermeidbarer Teil des menschlichen Daseins. Sie erinnert uns daran, dass der Geist ebenso wie der Körper Bewegung und Herausforderung braucht – und dass in den stillen Momenten der Langeweile oft die tiefsten Einsichten verborgen sind.

Langeweile und Kreativität:
Vom Leerlauf zur Inspiration

Wie Langeweile als Katalysator für kreative Prozesse dienen kann

Langeweile hat einen schlechten Ruf. Sie wird oft als lähmender Zustand empfunden, der uns von der Erfüllung abhält und uns in ein emotionales Vakuum stürzt. Doch unter der Oberfläche dieses scheinbar trostlosen Gefühls verbirgt sich eine überraschende Kraft: die Fähigkeit, uns zu inspirieren und kreative Prozesse anzustoßen.

In einer Welt, die von Ablenkungen und ständiger Betriebsamkeit geprägt ist, scheint Langeweile eine Vergeudung von Zeit zu sein. Doch gerade diese ›verlorenen‹ Momente des Leerlaufs schaffen einen Raum, in dem unser Geist frei wandern kann. Die Langeweile, die wir so oft zu vermeiden suchen, ist in Wahrheit ein Katalysator – eine Einladung, neue Verbindungen herzustellen, ungewöhnliche Ideen zu entwickeln und schöpferisch tätig zu werden.

Der kreative Geist in der Leere

Die Langeweile entsteht häufig in Situationen, in denen äußere Stimulation fehlt. Diese Leere mag auf den ersten Blick unangenehm erscheinen, doch sie ist der Nährboden für Kreativität. Wenn das Gehirn keine Ablenkungen hat, aktiviert es das

97

sogenannte ›Default Mode Network‹, ein neuronales Netzwerk, das vor allem dann aktiv wird, wenn wir uns in Tagträumen oder Selbstreflexion verlieren.

Dieses Netzwerk ermöglicht es uns, über unsere unmittelbare Realität hinauszudenken. Es fördert assoziatives Denken und die Fähigkeit, scheinbar unzusammenhängende Ideen miteinander zu verbinden. Viele große Erfindungen und künstlerische Meisterwerke sind in Momenten entstanden, in denen der Geist frei umherwandern konnte. Albert Einstein etwa sprach davon, dass seine besten Einfälle oft während seiner täglichen Spaziergänge kamen – Zeiten, in denen er sich bewusst der Langeweile hingab.

Die schöpferische Kraft der Langeweile

Langeweile zwingt uns, die Aufmerksamkeit von äußeren Reizen abzuziehen und uns auf unsere innere Welt zu konzentrieren. Dieser Rückzug kann eine Quelle erstaunlicher Kreativität sein. Schriftsteller, Künstler und Musiker berichten oft, dass ihre besten Werke in Phasen der scheinbaren Leere entstanden sind.

Virginia Woolf, eine der bedeutendsten Autorinnen des 20. Jahrhunderts, beschrieb, wie sie in Momenten der Monotonie – dem wiederholten Geräusch von Regentropfen oder dem langsamen Vergehen eines stillen Nachmittags – literarische Inspiration fand. Solche Momente erlaubten es ihr, die Oberfläche des Alltags zu durchbrechen und tiefere Einsichten zu gewinnen.

Auch die Kunstgeschichte zeigt, wie Langeweile zu neuen Ausdrucksformen führen kann. Die Dadaisten etwa, die Anfang des 20. Jahrhunderts aus der Desillusionierung nach dem Ersten Weltkrieg entstanden, nutzten die scheinbare Absurdität des Lebens als Sprungbrett für kreative Rebellion. Ihr Spiel mit der Sinnlosigkeit und der bewussten Provokation war eine direkte Antwort auf die Leere, die sie empfanden – und wurde zur Geburtsstunde einer ganzen Kunstbewegung.

Kinder und die natürliche Kreativität der Langeweile

Ein faszinierender Beleg für die Verbindung zwischen Langeweile und Kreativität ist das Verhalten von Kindern. Wenn Kinder gelangweilt sind, finden sie oft überraschende Wege, um sich selbst zu unterhalten. Ein leerer Karton wird zum Piratenschiff, ein einfacher Stock zur Zauberstab.

Psychologen haben festgestellt, dass Langeweile bei Kindern ihre Fantasie anregt, da sie gezwungen sind, eigene Spiele und Geschichten zu erfinden. In einer Zeit, in der viele Kinder von digitalen Medien überflutet werden, betonen Experten, wie wichtig es ist, ihnen Raum für Langeweile zu geben. Denn in diesen Momenten entwickeln sie nicht nur ihre kreativen Fähigkeiten, sondern auch wichtige Problemlösungsstrategien.

Die Angst vor der Langeweile und der Verlust der Kreativität

Doch in einer modernen Welt, die uns ununterbrochene Unterhaltung bietet, ist die Langeweile oft schwer auszuhalten. Smartphones, Streaming-Dienste und soziale Medien sind immer griffbereit, um die Leere zu füllen. Diese ständige Verfügbarkeit von Ablenkung kann jedoch einen hohen Preis haben: Sie unterbindet die Momente, in denen unser Geist frei umherwandern und kreativ sein könnte.

Die Psychologin Sandi Mann, die das Verhältnis zwischen Langeweile und Kreativität erforscht hat, betont, dass Langeweile nicht nur ertragen, sondern aktiv gesucht werden sollte. In einer ihrer Studien fanden Teilnehmer, die vor einer kreativen Aufgabe mit einer langweiligen Tätigkeit – etwa dem Kopieren von Telefonnummern – beschäftigt waren, originellere Lösungen als solche, die keine Langeweile erlebt hatten.

Diese Ergebnisse zeigen, dass Langeweile ein unverzichtbarer Bestandteil des kreativen Prozesses ist. Doch die Herausforderung besteht darin, die Angst vor der Leere zu überwinden und Langeweile als Teil des kreativen Zyklus zu akzeptieren.

Die produktive Langeweile

Es gibt eine Form der Langeweile, die weder lähmend noch destruktiv ist, sondern produktiv. Diese Art der Langeweile entsteht, wenn wir uns bewusst von äußeren Ablenkungen zurückziehen und uns dem Unbekannten öffnen. Sie ist ein Raum, in dem wir neue Fragen stellen und Antworten finden können, die außerhalb der Grenzen unseres Alltags liegen.

Der Philosoph Søren Kierkegaard sah in der Langeweile eine kreative Kraft, die den Menschen dazu zwingt, die Tiefe seines Seins zu erforschen. Für ihn war Langeweile nicht nur ein Zustand, sondern eine Herausforderung – eine Einladung, die Oberfläche des Lebens zu durchbrechen und etwas Bedeutungsvolles zu schaffen.

Die Rückkehr zur schöpferischen Langeweile

Die moderne Gesellschaft hat die Langeweile lange Zeit als Problem behandelt, das es zu lösen gilt. Doch die kreative Kraft der Langeweile zeigt, dass wir diese Einstellung überdenken sollten. Langeweile ist keine Schwäche, sondern eine Ressource – eine, die uns hilft, die Tiefen unseres Geistes zu erforschen und das Leben in all seiner Komplexität zu verstehen.

Indem wir lernen, die Langeweile zu akzeptieren und sogar willkommen zu heißen, öffnen wir die Tür zu neuen Möglichkeiten. Wir schaffen Raum für Inspiration, Innovation und Selbstfindung. Denn in der Leere der Langeweile liegt nicht nur ein Gefühl der Abwesenheit, sondern auch die Chance, etwas völlig Neues zu entdecken – eine Idee, ein Kunstwerk, oder vielleicht sogar uns selbst.

Dieses Kapitel zeigt, dass Langeweile nicht das Ende ist, sondern der Anfang. Sie ist ein Sprungbrett, ein Nährboden für die Kreativität, die unser Leben bereichert und es bedeutungsvoller macht.

Die Angst vor der Langeweile:

Ablenkung um jeden Preis

Wie moderne Menschen sich bemühen, Langeweile um jeden Preis zu vermeiden, und welche Konsequenzen das hat

Die moderne Welt bietet eine paradoxe Beziehung zur Langeweile. Sie ist einerseits allgegenwärtig und doch das, wovor sich viele Menschen am meisten fürchten. Langeweile ist nicht mehr bloß ein unangenehmer Zustand, sondern scheint in einer Gesellschaft, die von Effizienz, Produktivität und ständiger Stimulation getrieben ist, fast wie ein Scheitern – ein Makel, den es zu vermeiden gilt.

Dieser Drang, der Langeweile aus dem Weg zu gehen, hat die Kultur des 21. Jahrhunderts tiefgreifend geprägt. Smartphones, soziale Medien, Streaming-Dienste und unzählige andere Formen der Unterhaltung haben es fast unmöglich gemacht, sich der Leere des Augenblicks zu stellen. Doch diese Flucht vor der Langeweile hat nicht nur Konsequenzen für den Einzelnen, sondern auch für die Gesellschaft als Ganzes.

Die Unfähigkeit, still zu sein

Es gibt kaum noch einen Moment, der nicht mit Ablenkungen gefüllt ist. Ob in der Warteschlange im Supermarkt, während einer Zugfahrt oder sogar in den stillen Minuten vor dem Einschlafen – die Hand greift reflexartig zum Smartphone, um den leeren Raum mit einem Strom aus Informationen, Videos oder Likes zu füllen.

Dieser unaufhörliche Konsum von Ablenkung ist mehr als eine Gewohnheit. Er ist Ausdruck einer tief verwurzelten Angst vor der Langeweile. Die Stille, die Langeweile oft begleitet, zwingt uns dazu, uns mit uns selbst auseinanderzusetzen – mit unseren Gedanken, Sorgen und manchmal auch mit ungelösten Fragen, die wir lieber verdrängen würden.

Der französische Philosoph Blaise Pascal (1623 – 1662) schrieb im 17. Jahrhundert: ›Das ganze Unglück der Menschen rührt allein daher, dass sie nicht ruhig in einem Zimmer bleiben können.‹ Diese Aussage ist heute aktueller denn je. Das Bedürfnis, jeden leeren Moment zu füllen, zeigt, wie schwer es uns fällt, mit uns selbst allein zu sein.

Die Psychologie der Flucht

Die Angst vor der Langeweile hat tiefe psychologische Wurzeln. Langeweile ist nicht nur ein Gefühl der Leere, sondern oft auch ein Spiegel unserer inneren Unsicherheiten. In der Leere der Langeweile werden wir mit unserer eigenen Vergänglichkeit, unserer Unzufriedenheit und unseren ungelösten Problemen konfrontiert.

Psychologen sprechen in diesem Zusammenhang von ›existenzieller Langeweile‹ – einem Zustand, in dem die Leere nicht nur auf die Situation beschränkt ist, sondern das gesamte Leben durchdringt. Für viele Menschen ist der Gedanke, sich dieser Leere zu stellen, unerträglich. Ablenkung wird zur Flucht vor der Konfrontation mit dem eigenen Selbst.

Doch diese Flucht hat ihren Preis. Sie hindert uns daran, die Tiefe und Komplexität unseres Lebens wirklich zu erfassen. Indem wir die Langeweile vermeiden, vermeiden wir auch die Möglichkeit, sie zu verstehen und aus ihr etwas Neues zu schaffen.

Ablenkung und die digitale Welt

Die digitale Technologie hat die Vermeidungsstrategien der Langeweile perfektioniert. Mit einem Klick oder Wischen können wir in Sekundenschnelle in andere Welten eintauchen. Soziale Medien, die uns ständig neue Inhalte präsentieren, sind besonders effektiv darin, Langeweile zu überdecken. Sie bieten eine Illusion von Aktivität und sozialer Verbindung, während sie uns gleichzeitig in eine passive Konsumentenrolle drängen.

Doch die ständige Nutzung digitaler Geräte hat eine paradoxe Wirkung: Je mehr wir uns ablenken, desto mehr fühlen wir uns gelangweilt. Studien zeigen, dass die exzessive Nutzung von Smartphones und sozialen Medien mit einem Gefühl der inneren Leere verbunden ist. Der Grund dafür liegt in der Oberflächlichkeit dieser Ablenkungen. Sie bieten kurzfristige Stimulation, aber selten echte Erfüllung.

Die Konsequenzen dieser ständigen Ablenkung sind weitreichend. Sie beeinträchtigt unsere Konzentration, unsere Fähigkeit, tief nachzudenken, und sogar unsere Beziehungen. Wenn jede leere Minute mit digitalen Inhalten gefüllt wird, verlieren wir die Fähigkeit, uns auf das Hier und Jetzt zu konzentrieren – und damit auch die Fähigkeit, authentische Verbindungen zu uns selbst und anderen zu schaffen.

Gesellschaftliche Konsequenzen der Ablenkung

Die kollektive Flucht vor der Langeweile hat auch Auswirkungen auf die Gesellschaft als Ganzes. In einer Welt, in der Ablenkung allgegenwärtig ist, wird die Fähigkeit, still zu sein und nachzudenken, immer seltener. Dieser Verlust an Reflexion hat Konsequenzen für unsere Kultur, unsere Politik und unser Zusammenleben.

In einer Gesellschaft, die von ständiger Stimulation geprägt ist, fällt es schwer, sich auf langfristige Ziele zu konzentrieren oder tiefere Fragen zu stellen. Die schnelle, oberflächliche Natur digitaler Medien fördert eine Kultur der Instant-Befriedigung, in der komplexe Probleme oft ignoriert oder vereinfacht werden.

Darüber hinaus verstärkt die ständige Ablenkung die Isolation. Obwohl soziale Medien uns mit anderen verbinden, tun sie dies oft auf eine Weise, die echte menschliche Interaktion ersetzt. Die Momente, in denen wir uns wirklich mit anderen austauschen, werden durch die kurzen, fragmentierten Verbindungen in der digitalen Welt verdrängt.

Der Mut zur Langeweile

Doch trotz der weit verbreiteten Angst vor Langeweile gibt es Anzeichen dafür, dass sich der Blick auf dieses Gefühl allmählich verändert. Immer mehr Menschen erkennen, dass Langeweile kein Feind ist, sondern eine Einladung, innezuhalten und sich selbst besser kennenzulernen.

Langeweile gibt uns die Möglichkeit, aus dem Kreislauf der Ablenkung auszubrechen und uns auf das Wesentliche zu konzentrieren. Sie erlaubt es uns, unsere Gedanken zu ordnen, unsere Prioritäten neu zu setzen und einen Sinn jenseits der ständigen Stimulation zu finden.

Die Flucht vor der Langeweile mag kurzfristig Erleichterung bringen, doch sie führt uns oft weiter von uns selbst weg. Der Mut, die Langeweile auszuhalten, ist daher keine Schwäche, sondern eine Stärke – ein Zeichen dafür, dass wir bereit sind, uns den großen Fragen des Lebens zu stellen und echte Erfüllung zu suchen.

Eine Rückbesinnung auf das Wesentliche

Dieses Kapitel zeigt, dass die Angst vor der Langeweile nicht nur ein individuelles, sondern auch ein kulturelles Phänomen ist. Sie spiegelt die tiefen Widersprüche unserer Zeit wider: den Wunsch nach Freiheit und die Furcht vor der Leere, das Streben nach Sinn und die Versuchung der Ablenkung.

Indem wir uns der Langeweile stellen, können wir diese Widersprüche nicht nur erkennen, sondern auch überwinden. Wir können lernen, die Stille zu genießen, die Tiefe des Augenblicks zu schätzen und die Langeweile als Chance zu begreifen – als einen Moment, der uns zu uns selbst zurückführt.

Die Langeweile im digitalen Zeitalter:

Scrollen und Sinnsuche

Wie soziale Medien und digitale Unterhaltung das Verhältnis zur Langeweile verändert haben

Im digitalen Zeitalter hat die Langeweile eine neue Bühne gefunden. Wo früher Stille, Leere oder Untätigkeit den Raum für dieses Gefühl schufen, scheint die digitale Welt keine Zeit für Langeweile zu lassen. Mit einem Smartphone in der Hand oder vor einem Bildschirm scheint jede Sekunde potenziell gefüllt zu sein – mit Nachrichten, Videos, sozialen Interaktionen oder Spielen.

Doch diese ständige Verfügbarkeit von Unterhaltung hat das Verhältnis zur Langeweile nicht beseitigt. Im Gegenteil: Sie hat es tiefgreifend verändert. Langeweile ist nicht verschwunden, sondern hat sich verlagert. Sie lebt in den unendlichen Scrollbewegungen, in der Suche nach dem nächsten aufregenden Moment, im Gefühl der Überforderung angesichts der schieren Menge an Optionen. Die digitale Welt hat die Langeweile nicht eliminiert, sondern sie in eine neue, subtilere Form transformiert.

Der permanente Zugriff auf Unterhaltung

Soziale Medien und digitale Plattformen wie Facebook, Instagram, TikTok oder YouTube sind darauf ausgelegt, unsere

Aufmerksamkeit zu binden. Ihr Ziel ist es, uns so lange wie möglich in ihrem Kosmos zu halten, indem sie uns immer wieder neue Inhalte präsentieren, die uns ansprechen könnten. Algorithmen analysieren unser Verhalten und schlagen uns Inhalte vor, die unser Interesse wecken sollen.

Diese Mechanismen wirken auf einer tiefen psychologischen Ebene. Jeder ›Like‹, jede neue Nachricht und jedes spannende Video aktiviert das Belohnungssystem unseres Gehirns. Es schüttet Dopamin aus, das uns ein kurzes Gefühl von Zufriedenheit gibt. Doch diese Befriedigung ist flüchtig, und sobald sie nachlässt, beginnt der Kreislauf von vorne: Wir scrollen weiter, suchen nach dem nächsten Highlight, nach dem nächsten Moment der Ablenkung.

Ironischerweise entsteht dabei oft eine neue Form von Langeweile – eine Langeweile, die nicht aus dem Mangel an Stimulation, sondern aus ihrer Überfülle entsteht. Diese ›digitale Langeweile‹ ist schwer zu erkennen, weil sie ständig von neuen Reizen überlagert wird. Doch das Gefühl der inneren Leere, das sie begleitet, ist umso schwerer zu ignorieren.

Die Illusion der Verbundenheit

Soziale Medien haben die Art und Weise, wie wir kommunizieren und uns mit anderen verbinden, revolutioniert. Sie geben uns das Gefühl, ständig in Kontakt zu stehen, Teil eines größeren Netzwerks zu sein. Doch diese Verbundenheit ist oft oberflächlich. Die Likes, Kommentare und kurzen Nachrichten ersetzen keine tiefen, echten Gespräche.

Viele Nutzer berichten, dass sie sich nach längeren Sitzungen in sozialen Medien leer und isoliert fühlen, trotz – oder gerade wegen – der ständigen Interaktionen. Dieses Paradoxon hat Psychologen und Soziologen dazu gebracht, soziale Medien als eine Art ›Verstärker der Einsamkeit‹ zu betrachten. Sie bieten Ablenkung von der Langeweile, aber keine echte Erfüllung, keine Lösung für die Sinnsuche, die uns in Momenten der Langeweile antreibt.

Die Langeweile des Scrollens

Eine der eindringlichsten Veränderungen durch die digitale Welt ist die neue Form des Zeitvertreibs: das Scrollen. Ob auf sozialen Medien, Nachrichten-Websites oder Shopping-Plattformen – das Scrollen ist zu einer Art universellem Verhalten geworden, das oft unbewusst ausgeführt wird.

Beim Scrollen scheinen wir immer auf der Suche zu sein: nach Unterhaltung, nach Inspiration, nach etwas, das uns fesselt. Doch diese Suche ist oft ziellos. Das Scrollen wird zur Gewohnheit, zur Bewegung ohne Ziel. Es überdeckt die Langeweile, ohne sie wirklich zu beseitigen.

Die Langeweile des Scrollens ist ein Zustand, in dem wir uns von einer Oberfläche zur nächsten bewegen, ohne je in die Tiefe zu gehen. Sie ist ein Spiegel des digitalen Zeitalters: voller Möglichkeiten, aber oft ohne Richtung.

Die Auswirkungen auf das Selbst

Die digitale Welt hat nicht nur unser Verhältnis zur Langeweile verändert, sondern auch die Art und Weise, wie wir uns selbst wahrnehmen. Soziale Medien ermutigen uns, unser Leben zu inszenieren, Erlebnisse zu teilen und uns mit anderen zu vergleichen. Dieser ständige Vergleich kann das Gefühl verstärken, dass unser eigenes Leben weniger aufregend oder bedeutungsvoll ist.

In einer Welt, in der jeder Moment dokumentiert und bewertet werden kann, scheint es keinen Raum für Langeweile zu geben. Doch die ständige Beschäftigung mit dem Selbstbild in sozialen Medien kann zu einer neuen Art von Langeweile führen – einer existenziellen Langeweile, die aus der Frage entsteht, ob unser Leben tatsächlich so erfüllt ist, wie wir es darstellen.

Eine Chance zur Selbstreflexion?

Trotz der Herausforderungen, die die digitale Welt mit sich bringt, bietet sie auch Chancen. Die Langeweile im digitalen Zeitalter kann uns dazu zwingen, unser Verhalten zu hinterfragen: Warum greifen wir so oft zum Smartphone? Was suchen wir wirklich, wenn wir stundenlang scrollen?

Diese Fragen können der erste Schritt zu einer bewussteren Nutzung digitaler Medien sein. Anstatt die Langeweile zu fürchten oder zu überdecken, können wir sie als Gelegenheit nutzen, innezuhalten und uns mit uns selbst auseinanderzusetzen.

Die digitale Langeweile als Spiegel unserer Zeit

Die Langeweile im digitalen Zeitalter zeigt uns die Widersprüche unserer modernen Welt. Sie macht deutlich, dass ständige Ablenkung keine echte Lösung für die Leere ist, die wir empfinden. Doch sie erinnert uns auch daran, dass Langeweile ein Teil des Menschseins ist – eine Erfahrung, die uns dazu anspornt, nach Bedeutung und Tiefe zu suchen.

Vielleicht liegt die Antwort nicht darin, die digitale Welt zu vermeiden, sondern darin, sie bewusster zu nutzen. Wenn wir lernen, die Langeweile zu akzeptieren und sie als Chance für Reflexion und Kreativität zu sehen, können wir sie in eine Quelle der Inspiration verwandeln – selbst in einer Welt, die uns ununterbrochen beschäftigt hält.

Philosophische Neuansätze:
Langeweile als Lebenskunst

Ansätze, die Langeweile als wertvolle Erfahrung und Chance für innere Reflexion betrachten

Langeweile – ein Zustand, der oft als unangenehm empfunden und gemieden wird. Sie erscheint uns als Leere, als Stagnation, als Stillstand. Doch genau in dieser Leere, in diesem Moment des Nichts, verbirgt sich eine Möglichkeit, die Philosophen, Denker und Künstler der Moderne zunehmend in den Fokus rücken: Langeweile als wertvolle Erfahrung, als Portal zu Selbstreflexion und Lebenskunst.

Dieser Perspektivwechsel deutet Langeweile nicht länger als ein Übel, sondern als einen Zustand, der uns auf unsere innersten Bedürfnisse und Gedanken zurückwirft. Sie wird zur Chance, den rasenden Puls der modernen Welt zu unterbrechen und die Essenz des eigenen Daseins zu erforschen.

Langeweile als Spiegel des Selbst

Die Langeweile zwingt uns, uns mit uns selbst auseinanderzusetzen. In der Stille, die entsteht, wenn äußere Reize versiegen, richtet sich die Aufmerksamkeit nach innen. Diese Bewegung nach innen ist eine der zentralen Voraussetzungen für Selbstreflexion.

Der Philosoph Byung-Chul Han beschreibt Langeweile als einen Zustand, der uns aus der ständigen Betriebsamkeit der modernen Gesellschaft herausreißt. Für Han ist die Langeweile kein Problem, das gelöst werden muss, sondern eine Bedingung, die wir akzeptieren sollten. Sie erlaubt uns, die Oberfläche des Alltags zu durchbrechen und tiefer in die Schichten unserer Existenz einzutauchen.

In diesem Sinne ist Langeweile ein Spiegel, der uns zeigt, wer wir sind, wenn wir nichts tun. Was bleibt, wenn keine Ablenkungen, keine Verpflichtungen, keine Ziele unseren Geist füllen? In der Antwort auf diese Frage liegt der Schlüssel zu einem bewussteren Leben.

Die Langeweile als Schule der Geduld

Ein zentraler Aspekt der Langeweile, der sie für die Lebenskunst wertvoll macht, ist ihre Fähigkeit, uns Geduld zu lehren. In einer Welt, die von Schnelligkeit und Effizienz geprägt ist, erscheint Geduld oft wie eine verlorene Tugend. Doch Langeweile fordert uns auf, das Warten, das Innehalten und das Verweilen auszuhalten – und vielleicht sogar zu genießen.

Der japanische Zen-Buddhismus, der großen Wert auf Achtsamkeit und Präsenz legt, sieht in der Langeweile eine Chance, das Hier und Jetzt in seiner ganzen Tiefe zu erfahren. Zen-Praktiken wie die Meditation oder die Teezeremonie laden dazu ein, die Langsamkeit zu kultivieren und die Schönheit in der Wiederholung zu finden.

Diese Haltung lehrt uns, die Langeweile nicht als Mangel, sondern als Fülle zu begreifen. Indem wir uns der Stille öffnen, entdecken wir, dass sie keineswegs leer ist, sondern voller Möglichkeiten.

Die schöpferische Langeweile

Philosophen wie Søren Kierkegaard und Friedrich Nietzsche (1844 – 1900) erkannten, dass Langeweile eine treibende Kraft für Kreativität und Veränderung sein kann. Kierkegaard beschreibt die Langeweile als ›die Wurzel alles Üblen‹, aber auch als den Anstoß für Innovation. Sie entsteht, wenn der Mensch mit der Wiederholung des Alltags unzufrieden ist – und sie treibt ihn dazu, etwas Neues zu schaffen, um dieser Monotonie zu entkommen.

Nietzsche sah in der Langeweile eine notwendige Voraussetzung für das schöpferische Leben. Für ihn war Langeweile kein Hindernis, sondern ein Ausgangspunkt: Sie zwang den Menschen, sich Fragen zu stellen und Antworten zu suchen, die über den Alltag hinausreichen.

In diesem Sinne wird die Langeweile zu einer produktiven Kraft. Sie schenkt uns Zeit und Raum, um neue Ideen zu entwickeln, die Welt aus einer anderen Perspektive zu betrachten und uns selbst neu zu erfinden.

Eine Haltung der Offenheit

Die Lebenskunst, die in der Langeweile liegt, erfordert eine Haltung der Offenheit. Anstatt die Leere zu füllen, müssen wir lernen, sie zuzulassen. Diese Haltung ist eine Herausforderung, denn sie widerspricht den Impulsen der modernen Gesellschaft, die uns ständig dazu drängt, produktiv, effizient und beschäftigt zu sein.

Der französische Philosoph Albert Camus beschrieb die Absurdität des Lebens als eine Konfrontation mit der Leere. Doch für Camus liegt die Antwort nicht in der Flucht vor dieser Leere, sondern in der Entscheidung, sie anzunehmen. Diese Annahme ist ein Akt des Mutes – und eine Grundlage für das, was Camus das ›trotzige Leben‹ nennt: ein Leben, das seinen Sinn nicht in äußeren Zielen, sondern in der inneren Auseinandersetzung mit der eigenen Existenz findet.

Die Langeweile als Weg zur Freiheit

Die Langeweile kann uns befreien, wenn wir bereit sind, sie anzunehmen. Sie zeigt uns, dass wir nicht ständig in Aktion sein müssen, um einen Wert zu haben. Sie lehrt uns, dass wir nicht von äußeren Reizen abhängen, um erfüllt zu sein.

Indem wir die Langeweile als Teil unseres Lebens akzeptieren, können wir uns von den Zwängen der ständigen Ablenkung und Beschäftigung lösen. Wir können lernen, unsere Zeit nicht als Ressource zu sehen, die optimiert werden muss, sondern als Geschenk, das genossen werden darf.

Ein Plädoyer für die Langeweile

Die Langeweile, die so oft als Feind betrachtet wird, ist in Wahrheit ein Freund. Sie ist eine Einladung, innezuhalten, nachzudenken und sich selbst zu begegnen. Sie fordert uns heraus, in einer Welt der Ablenkung unsere Mitte zu finden.

Die Philosophie der Langeweile ist eine Philosophie der Lebenskunst. Sie zeigt uns, dass die Leere nicht das Ende ist, sondern der Anfang – ein Raum, in dem wir die Freiheit haben, unser Leben bewusst zu gestalten. Indem wir die Langeweile umarmen, lernen wir, die Tiefe des Augenblicks zu schätzen und das Leben in seiner ganzen Fülle zu erleben.

Ein neuer Umgang mit der Zeit:
Die Zukunft der Langeweile

Wie sich unsere Wahrnehmung und der Umgang mit Langeweile in einer zunehmend beschleunigten Welt entwickeln könnten

In einer Welt, die immer schneller wird, scheint Langeweile wie ein Relikt aus vergangenen Zeiten. Technologie, Vernetzung und permanente Erreichbarkeit haben den Takt unseres Lebens beschleunigt und jeden leeren Moment scheinbar eliminiert. Doch diese Beschleunigung hat eine Kehrseite: Sie bringt nicht nur Effizienz, sondern auch Erschöpfung, Oberflächlichkeit und eine subtile Form von Unzufriedenheit mit sich.

In dieser Welt wird Langeweile zu einem doppeldeutigen Phänomen. Einerseits wird sie als Störung empfunden, die es zu beseitigen gilt, andererseits als ein Zustand, der uns zwingt, innezuhalten und über unser Verhältnis zur Zeit nachzudenken. Die Frage, wie wir mit Langeweile in einer immer schneller werdenden Gesellschaft umgehen, wird zu einer zentralen Herausforderung der Zukunft – einer Herausforderung, die tief in unser Selbstverständnis und unsere Beziehung zur Welt eingreift.

Die Beschleunigung des Lebens

Die Geschwindigkeit, mit der sich das Leben bewegt, hat in den letzten Jahrzehnten ein nie dagewesenes Ausmaß erreicht. Technologie, Globalisierung und die Digitalisierung haben nicht nur unsere Arbeit, sondern auch unsere Freizeit verändert. Aufgaben, die früher Stunden oder Tage dauerten, lassen sich heute in Sekunden erledigen.

Doch diese Beschleunigung hat nicht zu mehr freier Zeit geführt, sondern zu einem paradoxen Gefühl des Zeitmangels. Wir hetzen von einer Aktivität zur nächsten, immer mit dem Gefühl, nicht genug getan zu haben. In dieser hektischen Welt erscheint Langeweile wie ein Fremdkörper, ein Luxus, den wir uns nicht leisten können – oder vielleicht auch nicht leisten wollen.

Die Philosophin Hartmut Rosa hat diesen Zustand als ›soziale Beschleunigung‹ beschrieben: eine Dynamik, in der immer mehr in immer weniger Zeit gepresst wird. Diese Beschleunigung verändert nicht nur unser Verhalten, sondern auch unsere Wahrnehmung der Zeit. Sie macht Langeweile zu einer unwillkommenen Unterbrechung in einem Strom von scheinbarer Produktivität.

Die Rückkehr der Langeweile

Doch trotz aller Bemühungen, Langeweile aus unserem Leben zu verbannen, bleibt sie präsent. Sie kehrt zurück, oft auf subtile Weise: im Leerlauf des Scrollens durch soziale Medien, in der Oberflächlichkeit von Gesprächen, die durch Zeitdruck geprägt sind, oder in der erschöpfenden Monotonie einer immer gleichen Routine.

Die Langeweile der Zukunft wird nicht durch Untätigkeit entstehen, sondern durch einen Überschuss an Aktivität. Diese ›beschleunigte Langeweile‹ ist ein Zustand, in dem wir zwar beschäftigt sind, aber keinen tieferen Sinn oder keine echte Verbindung zu dem finden, was wir tun. Sie zwingt uns, die Frage zu stellen, ob Geschwindigkeit und Effizienz wirklich die obersten Werte unseres Lebens sein sollten.

Der Wert der Langsamkeit

Inmitten dieser Beschleunigung wächst eine Gegenbewegung, die die Langsamkeit wiederentdecken möchte. Bewegungen wie ›Slow Food‹, ›Slow Living‹ oder ›Digital Detox‹ plädieren für einen bewussteren Umgang mit Zeit – und damit auch für einen neuen Blick auf die Langeweile.

Diese Ansätze erkennen, dass Langeweile kein Feind ist, sondern eine Gelegenheit, die Zeit anders zu erleben. Indem wir uns der Leere öffnen, können wir die Tiefe des Augenblicks erfahren und unser Leben bewusster gestalten.

Die Zukunft der Langeweile könnte darin liegen, sie nicht länger als Defizit zu betrachten, sondern als Ressource. Sie könnte zu einem Raum werden, in dem wir innehalten, reflektieren und neue Wege finden, mit der Zeit umzugehen.

Neue Technologien und die Langeweile

Technologie wird auch in Zukunft eine zentrale Rolle im Umgang mit Langeweile spielen. Doch die Frage ist, ob sie uns weiterhin von ihr ablenken oder uns helfen wird, sie bewusster zu erleben.

Virtuelle Realität, künstliche Intelligenz und personalisierte Algorithmen könnten neue Formen der Unterhaltung schaffen, die noch intensiver und immersiver sind als alles, was wir bisher kennen. Doch sie könnten auch Werkzeuge sein, um uns auf eine tiefere Ebene der Reflexion und Kreativität zu führen.

Die Herausforderung besteht darin, Technologie so zu gestalten, dass sie nicht nur Ablenkung bietet, sondern uns auch dazu einlädt, die Langeweile als Teil des Lebens zu akzeptieren. Vielleicht könnte Technologie uns helfen, den Mut zur Stille und die Freude an der Einfachheit wiederzuentdecken.

Die Zukunft der Lebenskunst

Die Frage nach der Zukunft der Langeweile ist letztlich eine Frage nach der Zukunft der Lebenskunst. Sie fordert uns auf, darüber nachzudenken, wie wir mit unserer Zeit umgehen wollen – und wie wir sie gestalten können, ohne ständig von ihr getrieben zu sein.

Die Langeweile der Zukunft wird nicht verschwinden. Sie wird bleiben, weil sie ein unvermeidbarer Teil des Menschseins ist. Doch wir können lernen, sie auf eine neue Weise zu sehen:

nicht als etwas, das uns lähmt, sondern als etwas, das uns inspiriert.

Indem wir die Langeweile als Teil unseres Lebens akzeptieren, können wir eine neue Beziehung zur Zeit entwickeln – eine Beziehung, die nicht auf Beschleunigung, sondern auf Tiefe und Bewusstsein basiert. Vielleicht ist das die wahre Zukunft der Langeweile: nicht ihre Beseitigung, sondern ihre Verwandlung in einen Raum der Möglichkeiten.

Ein Plädoyer für die Langeweile

Die Zukunft der Langeweile liegt in unseren Händen. Sie fordert uns auf, die Frage zu stellen, was wirklich zählt – und wie wir in einer beschleunigten Welt ein sinnvolles Leben führen können.

Vielleicht ist Langeweile am Ende keine Last, sondern ein Geschenk: ein Moment, in dem wir die Geschwindigkeit hinter uns lassen und die Zeit so erleben, wie sie wirklich ist – nicht als Ressource, sondern als ein Raum, der uns erlaubt, zu sein.

Über den Autor

Lutz Spilker wurde im Jahre 1955 in Duisburg geboren.

Bevor er zum Schreiben von Romanen und Dokumentationen fand, verließen bisher unzählige Kurzgeschichten, Kolumnen und Versdichtungen seine Feder.

In seinen Büchern befasst er sich vorrangig mit dem menschlichen Bewusstsein und der damit verbundenen Wahrnehmung. Seine Grenzen sind nicht die, welche mit der Endlichkeit des Denkens, des Handelns und des Lebens begrenzt werden, sondern jene, die der empirischen Denkform noch nicht unterliegen.

Es sind die Möglichkeiten des Machbaren, die Dinge, welche sich allein in der Vorstellung eines jeden Menschen darstellen und aufgrund der Flüchtigkeit des Geistes unbewiesen bleiben. Die Erkenntnis besitzt ihre Gültigkeit lediglich bis zur Erlangung einer neuen und die passiert zu jeder weiteren Sekunde.

Die Welt von Lutz Spilker beginnt dort, wo zu Beginn allen Seins nichts Fassbares war, als leerer Raum. Kein Vorne, kein Hinten, kein Oben und kein Unten. Kein Glaube, kein Wissen, keine Moral, keine Gesetze und keine Grenzen. Nichts.

In Lutz Spilkers Romanen passieren heimtückische Morde ebenso wie die Zauber eines Märchens. Seine Bücher sind oftmals Thriller, Krimi, Abenteuer, Science Fiction, Fantasy und selbst Love-Story in einem.

»Ich liebe die Sprache: Sie vermag zu streicheln, zu liebkosen und zu Tränen zu rühren. Doch sie kann ebenso stachelig sein, wie der Dorn einer Rose und mit nur einem Hieb zerschmettern.«

In dieser Reihe sind bisher erschienen

Die Erfindung der Langeweile
Die Erfindung des Menschen
Die Erfindung des Geldes
Die Erfindung des Teufels
Die Erfindung des Erfolgs
Die Erfindung der Sterblichkeit
Die Erfindung der Lüge
Die Erfindung der Freiheit
Die Erfindung des Todes
Die Erfindung der Welt
Die Erfindung des Inselmenschen
Die Erfindung der Zeit
Die Erfindung der Seele
Die Erfindung der Politik
Die Erfindung des Gewissens
Die Erfindung der Religion
Die Erfindung der Schuld
Die Erfindung der Gerechtigkeit
Die Erfindung des Friedens
Die Erfindung des Selbstgesprächs
Die Erfindung der Zukunft
Die Erfindung der Pornographie
Die Erfindung der Verschwendung
Die Erfindung des Erwachsenseins
Die Erfindung der Hölle
Die Erfindung der Überbevölkerung
Die Erfindung des Himmels
Die Erfindung der Monarchie
Die Erfindung der Unterhaltung
Die Erfindung der Sprache

Die Erfindung der Musik
Die Erfindung der Wiedergeburt
Die Erfindung des Zufalls
Die Erfindung der Namen
Die Erfindung des Bewusstseins
Die Erfindung des freien Willens
Die Erfindung des Wahrsagens
Die Erfindung der Körpersprache
Die Erfindung des Schlafs
Die Erfindung der Sklaverei
Die Erfindung der Angst
Die Erfindung der Vernunft
Die Erfindung des Vollmonds
Die Erfindung des Vitamin B
Die Erfindung des Make-Up
Die Erfindung des Weihnachtsfestes
Die Erfindung des Ku-Klux-Klan
Die Erfindung des Träumens
Die Erfindung der Flaschenpost
Die Erfindung der Mafia
Die Erfindung der politischen Parteien
Die Erfindung der Freimaurer
Die Erfindung der Freibeuter
Die Erfindung der Raumfahrt
Die Erfindung der Tempelritter
Die Erfindung des ADHS-Syndroms
Die Erfindung der Homöopathie
Die Erfindung der Freizeitparks
Die Erfindung des Werwolfs
Die Erfindung des Astralkörpers
Die Erfindung des Zölibats
Die Erfindung des Herkules
Die Erfindung des Vampirs
Die Erfindung der Philosophie

Die Erfindung des Bieres
Die Erfindung der Geister
Die Erfindung des Ungeheuers von Loch Ness
Die Erfindung der Prä-Astronautik
Die Erfindung des Voodoo
Die Erfindung des Stierkampfs
Die Erfindung des Sinns des Lebens
Die Erfindung des Einhorns
Die Erfindung von Atlantis
Die Erfindung des Gähnens
Die Erfindung der Bundeslade
Die Erfindung der Ehe
Die Erfindung der 10 Gebote
Die Erfindung des Robin Hood
Die Erfindung des Autoritätsgehorsams
Die Erfindung der Popkultur
Die Erfindung des Urknalls
Die Erfindung des Rauchens
Die Erfindung des Alphabets
Die Erfindung der totalen Kontrolle
Die Erfindung der Langeweile - Neuauflage

Zeitfracht Medien GmbH
Ferdinand-Jühlke-Straße 7
99095 Erfurt, Deutschland
produktsicherheit@kolibri360.de